BuddhAll

三時繫念今譯

洪啓嵩 譯

目錄

譯者序

感念阿彌陀佛無上廣大恩德

《三時繫念佛事》，為元朝中峰國師所撰。內容初為舉咒、雲集讚、登座偈、提綱、緣起等，次列三時佛事。各時皆依提綱、講演、舉念、懺悔、發願、西方讚和念之順序，使行者依序修行，次第嚴整宛然。

「三時」指的是經中所說的「初日分、中日分、後日分」，即「早晨、日中、日沒」三時。透過精勤不懈持誦《阿彌陀經》、真言、開示等，使身、語、意三者一心繫念阿彌陀佛淨土。《三時繫念佛事》不只為超薦亡者而設，念佛行者也可依之而修行，是冥陽兩利的殊勝修法，更是極為普遍的淨土修持法門。

《三時繫念今譯》的著成，乃緣於雲林慧海文教許立昌居士之請，希望此殊勝法門，能有現代語的修持版，以利益當代的淨土行人。雖然個人才學淺薄，於深廣的淨土勝行只能管窺，但是思惟一生深受阿彌陀佛大恩，無以回報，因此乃勉力完成此事，上供彌陀大恩，下供一切淨土行者，祈願有緣的大德能如願得生淨土。在此，僅簡述彌陀於我恩德之萬一，以示緣起之勝妙。

依念佛死而復生

此生德薄，有十次是在死生邊緣度過。而在高中更經歷了一次死亡經驗，經歷了因念佛而復活的不可思議因緣。我從十歲開始，自己摸索學習打坐，在國中的時候，可以自己控制心跳、血壓、身體的溫度等等。長此以往，變成了習慣，我常以意識控制，使呼吸變得很細微，到達幾乎沒有呼吸的狀況。到了高二時，有一天，心臟由於呼吸控制過於細微而負荷不了，竟然停止跳動。

當時我全身完全無法動彈，呼吸也完全停止了，只剩心念還有作用。那時，我發覺到就宛如經典中所描述的臨終狀況一樣：神識要從兩眼衝出身體之外。當時我清楚了知：若神識脫體時，此生應緣即了。恐懼之餘，心自然地，沒有第二念地，「阿彌陀佛，阿彌陀佛，阿彌陀佛……」綿密相續。有賴阿彌陀佛廣大的加庇，神識將衝出身體之際，在眼皮的地方停住了，有如被磁鐵吸住般，神識未能脫離，但也尚未能回來。這時仍一心純是「阿彌陀佛，阿彌陀佛，阿彌陀佛……」念念相續，心中唯知，這時只要一時失念，神識就一去不復返了。

如此佛號不斷地不知多久後，這股外衝的力量消失了，這時念佛的心力，就吸著心識回到了身體。心氣回來後，身體機能重新啟動，當時身體就如同遭到電擊，從體內彷彿迸出巨大爆炸聲，宛如香檳開瓶「波」地一聲，然後心臟由靜止開始不規律地跳動，但身體依然沒有感覺。當身體慢慢的開始有了麻感，舉身出汗宛如雨下，當下全身濕透，漸漸地能行動如常。這是阿彌陀佛對我的救命恩德。

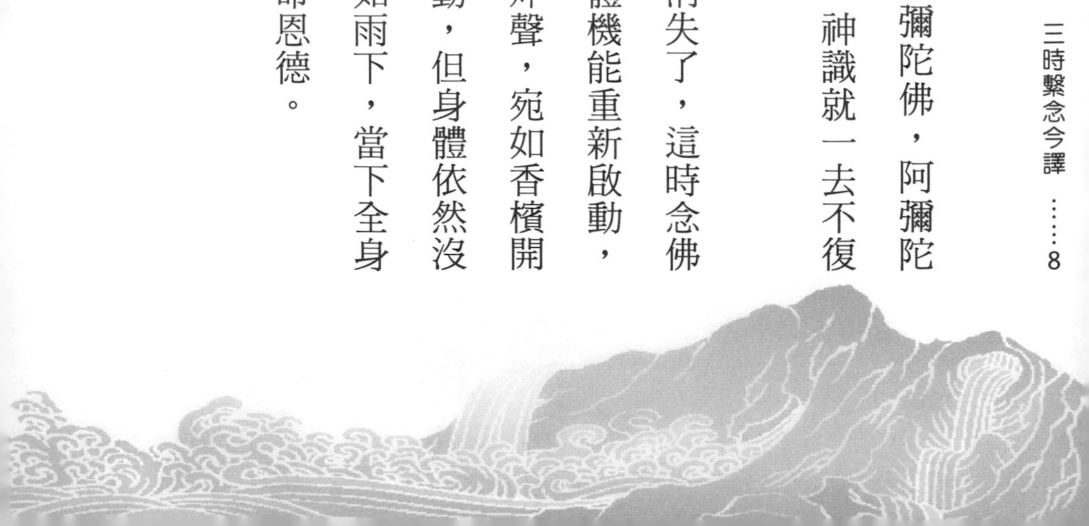

為母親修造臨終光明導引法門

二〇〇三年，我的母親往生時，隨侍在旁的學生，將我當時導引她老人家往生淨土的經過，完整地記錄下來，許多同修目睹了整個經過，及母親往生後，種種不可思議的瑞象，因此殷切地期盼我能將臨終光明導引的法門，錄製成ＣＤ，能幫助更廣大的眾生。

我一直認為，真正的孝養父母，除了讓他們老來安順之外，更重要的是讓父母能至開悟證果。這其實是來自佛陀的遺教，他老人家不只回歸故國，為父親淨飯王說法，使其開悟證道，並上昇忉利天上，為在天界的亡母說法，令其悟道證果，這正是佛子的典範。

父親在我七歲時早逝，而母親發願為我一生護法，恩德廣大。我母親並不識字，因此為其修行因緣，我請她一直用台語持誦《十句延命觀音經》這部短短的經文。在一九八六年，我帶團前往印度佛陀八大聖地朝聖之前，我告訴她這是不可思議的因緣，希望她在前往朝聖前能持滿一百萬遍的《十句延命觀音經》。在母親的精誠念誦之下，在朝聖出發前一天晚上，完成了百萬遍的持誦。而在她往生前更完成了三百萬遍的念誦。

當她往生時，我雖心中悲慟，但是立即為她念佛修法，在往生八小時後，其頂猶溫，可見她的往生決定。其後當送入冰庫之後，更示現了不可思議的瑞相，第二天時，不只頂上猶溫，而且臉相宛然金色。大眾心生歡喜，讚嘆禮敬。

不止如此，在連續的十六天中，她全身冰凍，但頂上猶溫。醫院的副院長為我母親義子，驚訝之餘，以為冰庫出了問題，趕緊檢查，卻發現溫度依然為零下八度，一切如常，並無故障。他並遍問從事佛事的人，都驚嘆未曾聽聞。母親最後的不可思議示現，不只讓許多人發心，更令人讚其密行。

當火化後，雖然只由火化工作人員檢付遺骨送出，但骨上疊附金、銀，乃至七彩舍利，煥然可觀。現在，無論我說法上課或去聖地朝禮時，身上都會戴著裝有母親舍利的嘎烏，一則希望她能繼續聞法，二能朝禮聖境。這些私事，本來不必公開，但為感謝阿彌陀佛聖恩攝受，所以特別寫出，祈願大家見諒，並願法界有情，所有生生世世的父母，都能往生極樂淨土，隨侍阿彌陀佛，於清淨法中，修行圓滿。

在臨終守護的修法中，一般最常見的助念方式是持誦佛號，或是誦經，當時我為母親導引時，則更進一步將佛經的修持法融入其中，透過這樣的修法，祈願無論是亡者或是生者，都能在這個莊嚴的生死因緣中共同增上。我將這個法門總攝為三個步驟：

第一階段是《阿彌陀經》原經文的讀誦。

第二階段再以白話為其解說《阿彌陀經》，並幫助其觀想極樂世界的景象。

第三階段則是告訴亡者：當下就是安住在極樂世界，眼所見，耳所聽，六根所觸，都是極樂世界的一切，此身當下出生於極樂世界。對於導引者而言，每為他人做一次導引，自身也等於是遍歷一次極樂世界。無論對於亡者或助念導引的人，都有不可思議的功德。

二〇〇七年，人間第一部《阿彌陀經臨終光明導引》著述及有聲導引終於出版了！是年十一月，我在北加州的聖荷西傳法主持禪七，此時，由美國佛教會紐約大覺寺方丈處傳來沈家禎老居士捨報的消息。此前，我於大覺寺主持禪十時，曾將《阿彌陀經臨終光明導引》攜至寺中；所以在大覺寺沈老居士的靈前，由寺方安置此法錄製的導引CD，祈願沈老往生極樂圓滿。因此，這部臨終光明的勝法，沈老居士成為首位的使用者；這也是回報老居士恩德的勝緣。

閉關修持阿彌陀佛法門

二〇〇六年十二月，在一個特別的因緣下，一位好友發願度化醫院加護病房中的亡靈，而請我上山閉關專修阿彌陀佛法門。其實，對我而言，閉關和不閉關是等無差別的。但是為了圓滿他的心願，我在近郊山上找了適合的關房，在關房外題上「無為舍」，無修而修，修而無修。關房外的風景怡人，夜晚美麗的城市夜景一覽無遺，我一人獨自閉關，足不出關房，三餐就由附近的餐廳將飯菜放在關房外的桌上。只有一次走出關房，是因為狗兒將我的午餐吃了，必須去通知餐廳老闆。老闆補送一份之後，也將放餐的桌子墊高，以免狗兒覬覦飯菜。閉關四十九日期間，我持誦了五十二萬餘遍的往生咒，迴向一切眾生安養極樂。

三十多年前，我第一次在深山閉關的時候，與阿彌陀佛也有殊特的因緣。

在高中經歷第一次死亡的經驗後，從此不怕死了，晚上一個人在墓塚間，也無所畏懼。但不畏懼死亡，只是修行中的基礎而已，因為生命中因緣萬端，不畏懼死亡，不一定是對一切都無所畏懼或解脫自在，正如同我不怕死之後，但卻還會怕蛇。為什麼怕？不知道，就是一種莫名的恐懼。

一九八三年，我第一次獨自一人在海拔一千多公尺的深山上閉關，杳無人煙，住的是無人的工寮，沒水沒電，飲山泉，點油燈。有一天晚上，要下床上廁所時，無意間抬頭一看，赫然發現屋樑上就吊著一條蛇影，心中頓然冷了半截。深山中會出沒的蛇通常就是百步蛇，當時床下一片烏黑，腳不敢伸下去，深怕鞋子裡就藏著一條蛇。當時就只能坐在那邊一籌莫展，說是怕死，也不是，就是不想讓蛇咬。當下我只有在床上坐禪，參：我怕什麼？

怕死嗎？七八年來，死亡對我早已不是問題。怕溼溼的那種感覺嗎？怕軟軟的感覺嗎？怕陰鬱、瞋怨、黑暗，或無從覺知嗎？……就這樣一直參：怕什麼？怕什麼？……參了三天三夜，參到最後終於豁然覺知：本來就沒有怕這個狀態，根本沒有一個好怕的境界可得。這真是本來無一物，何處惹塵埃啊！

當時正在夜半，忽然彈指之間，阿彌陀佛金光巍巍地現起，滿佈整個天際。

因為那段時期我在山上閉關的日課，主要修習默照禪，並以《華嚴經》參究印證，而行禪時則多持誦藥師咒，所以當時感覺和藥師佛因緣較近。當時心中是一念疑惑：「怎麼不是藥師佛？」

幸而彌陀慈悲，當時我立即察覺此念，一念懺悔，於是阿彌陀佛的光明益加熾盛，光明晃耀，不可思議。在當下的因緣裡，我自然而然地，一心皈命於阿彌陀佛，對佛的讚頌言語，不落入分別地，一句一句地由心脫口而出，無窮盡地讚頌。在相繼對西方三聖與極樂世界不斷地讚頌中，阿彌陀佛、觀世音菩薩、大勢至菩薩，及極樂世界次第現前，最後三聖乃至整個西方極樂世界，在虛空中宛然呈現，生命充滿了無窮無盡的喜樂，一切經典所描述的境界，心中明確了知，決定正是如此。

此時心中又生起疑惑：「我在這裡，阿彌陀佛與西方極樂世界在眼前，自他仍是相對的。為何我尚有分別之念？」這一念觀照起，分別之念頓然消失，剎那之間，西方極樂世界也消融入我的心中，寂然入定，了悟何謂自性彌陀。自此之後，所有經典中所說的，對我而言，是實然如此，無所謂相信與不相信。就像日常生活穿衣、吃飯、睡覺，不需要相信或不相信。

或許可以這麼說：我們與諸佛在同一屋簷下吃飯，我們就是佛陀的孩子。所以，有人問我說：「你會不會往生極樂世界？」我說：「這對我來說不是問題，因為我現在就已在極樂世界中了。」

又記得在閉關時，有一天，我在經行中，忽然感覺我走在觀世音菩薩的身體裡，我身在這個世界，同時也身在極樂世界，這如同重重疊影，交織在一起，但是明明白白，不相混淆。在《觀無量壽經》中說：「諸佛如來是法界身，遍入一切眾生心想中，⋯是心即是三十二相，八十隨形好，是心作佛，是心是佛」。

所以，我常說，不要標榜我們念佛，而是佛念我們，我們的心常會失念，而佛陀永遠憶念我們，十劫以來在我們面前授手接引，如母憶子。只是我們如同當初逃離家園的孩子大勢至菩薩一般，將雙眼閉上，不肯回到極樂世界。但阿彌陀佛永遠如慈母一般，不斷地引導我們，往生淨土，修行成佛，如同他老人家一般。這也是《楞嚴經》〈大勢至菩薩念佛圓通章〉中〈香光莊嚴〉法門的主旨。阿彌陀佛不只在我們眼前，更在我們的心中，是心作佛，是心是佛。

我們不只要一心念佛，更要了解佛常念我，一心感恩，這才是了悟彌陀大願往生極樂淨土的最勝妙根本。

如果能了解人人心中，自有彌陀在，這法身現前，就是阿彌陀佛善現一切眾生及自己的自性彌陀。而一切有情就是阿彌陀佛，一切的法界，就是極樂世界，這不只是彌陀大願現前示現，也是阿彌陀佛教導我們，最慈悲、究竟的善妙法門；更是對世間、對眾生最智慧、慈悲的彌陀心要。不只幫助眾生現世得慧得福，更讓世間更加的清淨、安樂。

以上略述阿彌陀佛於我恩德大海之一滴。

二○○九年，我進行修造大圓滿淨土真言被，依止一切眾生全佛根本正見，現觀一切亡者皆是圓滿的阿彌陀佛，現生光明極樂世界，書寫梵字「佛頂尊勝陀羅尼」、「寶篋印陀羅尼」及「大悲咒」等三大神咒，及二百餘尊佛菩薩、明王護法之真言神咒，將諸尊種子曼荼羅，密佈於陀羅尼被上，讓亡者與諸佛菩薩本尊相應。

阿彌陀佛法門所影響的層面非常廣大，除了亡者與生者之外，一般人所說的「寃親債主」，也就是與我們累劫宿昔有緣的眾生，也能在精誠至心的導引下，往生淨土，不再作障。由於阿彌陀佛的廣大信仰，因此阿彌陀佛法門首先影響的是十幾億華人世界，如果再加上往生的亡靈、鬼神，就更加無以計數了！

中峰國師所造之《三時繫念佛事》，對淨土修行人有著深遠的影響，使眾生得利。現在由於許居士勝緣，著成《三時繫念今譯》，這真是讓人歡喜的盛事，有緣來完成這部大法的修造，心中充滿了感恩。普願眾生持誦圓滿，究竟吉祥。所有的功德，悉以供養阿彌陀佛及極樂淨土賢聖眾，並迴向一切有情皆得往生極樂淨土。

最後，

一心頂禮　南無阿彌陀佛

深心祈願法界眾生同成　阿彌陀佛

善哉！

Sādhu!

地球禪者

凡例

一、《三時繫念今譯》的出版，是為幫助讀者更深入了解三時繫念修法的心要，使讀者能迅速明瞭與掌握其要義及修法次第。

二、本書所採用的《中峰國師三時繫念佛事》原文，是出自大正藏第七冊，經號一四六四，文中有部份用字與流通版不同，為古字，或疑錯植之字，另附註之。

如：

一、前言文中有「香雲葢三稱」之句，「葢」字於流通版作「蓋」。

二、前言文中有「覺海虛空起」之句，「虛」字於流通版作

「虛」。

三、第一時《佛說阿彌陀經》文中有「金銀瑠璢」之句，「瑠璢」應是「瑠璃」詞之誤。

四、第一時《佛說阿彌陀經》文中有「供養他方十萬憶佛」之句，「憶」字應是「億」字之誤。

五、第一時《佛說阿彌陀經》文中有「奇妙襍色之鳥」之句，「襍」字於流通版作「雜」。

六、第二時文中有「永嘉云夢裡明明有六越」，「越」字於流通版作「趣」。

前言

另外安設啟請的法座，由班中的首領敲鳴引磬，並由齋主上香禮拜之後，班首前行引導（然後法師續行），齋主又隨著法師之後，來到佛前（法師安立在前），拈香供佛。

寂靜一心

焚起了用戒、定功德所凝成的真性妙香，
剎那之間衝上了無邊的天際。
（齋主、弟子）用最虔誠的心，
爇燒心香放在金爐之中；
頃刻之間，
香氣烟雲盈盛覆蓋，
立即遍滿了上下十方。

昔日耶輸陀羅，
依此妙香供養，
免除了厄難，消除了災障。

南無香雲蓋菩薩摩訶薩（誦念三次）
（完畢之後，法師說道：）

覺悟大海從虛空中現起，
而在娑婆世界中，則隨著業力的波浪漂流。
如果有人想登上解脫的彼岸，
極樂世界有歸返清淨的舟船。

（大眾開始念佛，到達靈位前站定）

誦念心經一卷，往生咒三遍。

（唱誦完畢之後，拈舉讚文或宣說以下的後文都可以。）

佛陀法王利益萬物，慈悲智慧廣大洪深，普周徧達十方世界，冥間陽界不再隔離。

現在承蒙齋主（某某），恭敬親為（某某）修法，當下屆逢（某某的）歸期，特別迎請山僧登上法座，依憑佛陀教法，安作晝夜相續不懈的三時繫念佛事。

你等亡靈現今遭逢這殊勝的因緣，自然應當莊嚴肅穆，安心端正威儀，前來安臨法座之下，恭敬聆聽妙法，一心虔誠的接受超度。

（大眾一心念佛上座，大家的座位正對靈位之前，靈前供奉著接引佛一尊，用香華供養，這時維那舉聲讚誦：）

爐上的淨香，乍然在剎那之間，爇焚了起來。
一切時空的宇宙法界，普遍蒙受了熏沐。
宛如無邊大海般的諸佛聚會，
都能在遙遠無際的地方，完全的知悉聞曉，
這些淨香隨處結成了祥雲。
我們至誠的心意，在這當下殷切的禮敬，
諸佛也因此示現了全體的法相妙身。

南無雲來集菩薩摩訶薩（稱頌唱唸三次）

（之後，法師拈香說道：）

這一瓣心香，
根源蟠繞於時劫之外，
它的枝葉卻播揚於塵間寰宇。
這心香並非經由天地因緣而生成，
那會屬於塵勞煩惱等世間的陰陽造化。
此香焚爇向淨爐中時，
只是心性一味的專注仰伸於供養。
法界中常住的佛、法、僧三寶，
以及宛如大海般無盡剎土中，
無量億萬生靈的極樂世界導師：

阿彌陀佛，及觀世音菩薩、大勢至菩薩，
還有微塵數大海數的清淨聖眾。
現在完全依仗著真心的妙香，
普周同遍的接受供養。

南無香雲蓋菩薩摩訶薩（唱頌三次）
（法師與大眾會齊於佛座之下）

第一時

南無蓮池海會佛菩薩（唱誦三次，這是由維那師所舉唱）

佛說阿彌陀經（接著誦阿彌陀經一遍）

佛說阿彌陀經

如是我聞：一時，佛在舍衛國祇樹給孤獨園，與大比丘僧千二百五十人俱，皆是大阿羅漢，眾所知識：長老舍利弗、摩訶目犍連、摩訶迦葉、摩訶迦旃延、摩訶俱絺羅、離婆多、周利槃陀伽、難陀、阿難陀、羅睺羅、憍梵波提、賓頭盧頗羅墮、迦留陀夷、摩訶劫賓那、薄拘羅、阿㝹樓馱，如是等諸大弟子；并諸菩薩摩訶薩：文殊師利法王子、阿逸多菩薩、乾陀訶提菩薩、常精進菩薩，與如是等諸大菩薩，及釋提桓因等，無量諸天大眾俱。

爾時，佛告長老舍利弗：「從是西方過十萬億佛土，有世界名曰極樂，其土有佛，號阿彌陀，今現在說法。舍利弗！彼土何故名為極樂？其國眾生無有眾苦，但受諸樂，故名極樂。又，舍利弗！極樂國土七重欄楯、七重羅網、七重行樹，皆是四寶，周帀圍繞，是故彼國名為極樂。

「又，舍利弗！極樂國土有七寶池，八功德水充滿其中，池底純以金沙布地。四邊階道，金、銀、瑠璃、玻瓈合成。上有樓閣，亦以金、銀、瑠*璃、玻瓈、硨磲、赤珠、碼碯而嚴飾之。池中蓮華大如車輪，青色青光、黃色黃光、赤色赤光、白色白光，微妙香潔。舍利弗！極樂國土成就如是功德莊嚴。

註：原文於大正藏作「瑠璢」之詞，「瑠璢」應是「瑠璃」詞之誤。

「又，舍利弗！彼佛國土常作天樂，黃金為地，晝夜六時，雨天曼陀羅華。其土眾生常以清旦，各以衣裓盛眾妙華，供養他方十萬*億佛，即以食時，還到本國，飯食經行。舍利弗！極樂國土成就如是功德莊嚴。

註：原文於大正藏作「十萬憶佛」，「憶」字應是「億」字之誤。

「復次，舍利弗！彼國常有種種奇妙*襍色之鳥：白鶴、孔雀、鸚鵡、舍利、迦陵頻伽、共命之鳥。是諸眾鳥，晝夜六時出和雅音，其音演暢五根、五力、七菩提分、八聖道分如是等法。其土眾生聞是音已，皆悉念佛、念法、念僧。舍利弗！汝勿謂此鳥實是罪報所生。所以者何？彼佛國土無三惡道。舍利弗！其佛國土尚無惡道之名，何況有實！是諸眾鳥，皆是阿彌陀佛欲令法音宣流，變化所作。

註：流通版作「雜」。

舍利弗！彼佛國土微風吹動，諸寶行樹及寶羅網，出微妙音，譬如百千種樂同時俱作。聞是音者，自然皆生念佛、念法、念僧之心。舍利弗！其佛國土成就如是功德莊嚴。

「舍利弗！於汝意云何，彼佛何故號阿彌陀？舍利弗！彼佛光明無量，照十方國無所障礙，是故號為阿彌陀。又，舍利弗！彼佛壽命及其人民無量無邊阿僧祇劫，故名阿彌陀。舍利弗！阿彌陀佛成佛已來，於今十劫。又，舍利弗！彼佛有無量無邊聲聞弟子，皆阿羅漢，非是算數之所能知，諸菩薩眾亦復如是。舍利弗！彼佛國土成就如是功德莊嚴。

「又，舍利弗！極樂國土眾生生者，皆是阿鞞跋致，其中多有一生補處，其數甚多，非是算數所能知之，但可以無量無邊阿僧祇說。

舍利弗！眾生聞者，應當發願，願生彼國。所以者何？得與如是諸上善人俱會一處。舍利弗！不可以少善根福德因緣，得生彼國。

「舍利弗！若有善男子、善女人，聞說阿彌陀佛，執持名號，若一日、若二日、若三日、若四日、若五日、若六日、若七日，一心不亂，其人臨命終時，阿彌陀佛與諸聖眾，現在其前。是人終時，心不顛倒，即得往生阿彌陀佛極樂國土。舍利弗！我見是利，故說此言：若有眾生聞是說者，應當發願生彼國土。

「舍利弗！如我今者，讚歎阿彌陀佛不可思議功德之利，東方亦有阿閦鞞佛、須彌相佛、大須彌佛、須彌光佛、妙音佛，如是等恒河沙數諸佛，各於其國出廣長舌相，遍覆三千大千世界，說誠實言：

『汝等眾生，當信是稱讚不可思議功德、一切諸佛所護念經。』

「舍利弗！南方世界有日月燈佛、名聞光佛、大燄肩佛、須彌燈佛、無量精進佛，如是等恒河沙數諸佛，各於其國出廣長舌相，遍覆三千大千世界，說誠實言：『汝等眾生，當信是稱讚不可思議功德、一切諸佛所護念經。』

「舍利弗！西方世界有無量壽佛、無量相佛、無量幢佛、大光佛、大明佛、寶相佛、淨光佛，如是等恒河沙數諸佛，各於其國出廣長舌相，遍覆三千大千世界，說誠實言：『汝等眾生，當信是稱讚不可思議功德、一切諸佛所護念經。』

「舍利弗！北方世界有燄肩佛、最勝音佛、難沮佛、日生佛、網明佛，如是等恒河沙數諸佛，各於其國出廣長舌相，遍覆三千大千世界，說誠實言：『汝等眾生，當信是稱讚不可思議功德、一切諸佛所護念經。』

「舍利弗！下方世界有師子佛、名聞佛、名光佛、達磨佛、法幢佛、持法佛，如是等恒河沙數諸佛，各於其國出廣長舌相，遍覆三千大千世界，說誠實言：『汝等眾生，當信是稱讚不可思議功德、一切諸佛所護念經。』

「舍利弗！上方世界有梵音佛、宿王佛、香上佛、香光佛、大燄肩佛、雜色寶華嚴身佛、娑羅樹王佛、寶華德佛、見一切義佛、如須彌山佛，如是等恒河沙數諸佛，各於其國出廣長舌相，遍覆三千大千世界，說誠實言：『汝等眾生，當信是稱讚不可思議功德、一切諸佛所護念經。』

「舍利弗！於汝意云何，何故名為一切諸佛所護念經？舍利弗！若有善男子、善女人聞是經受持者，及聞諸佛名者，是諸善男子、善女人，皆為一切諸佛之所護念，皆得不退轉於阿耨多羅三藐三菩提。是故，舍利弗！汝等皆當信受我語，及諸佛所說。

「舍利弗！若有人已發願、今發願、當發願，欲生阿彌陀佛國者，是諸人等，皆得不退轉於阿耨多羅三藐三菩提，於彼國土若已生、若今生、若當生。是故，舍利弗！諸善男子、善女人若有信者，應當發願生彼國土。

「舍利弗！如我今者稱讚諸佛不可思議功德，彼諸佛等亦稱讚我不可思議功德，而作是言：『釋迦牟尼佛能為甚難希有之事，能於娑婆國土、五濁惡世：劫濁、見濁、煩惱濁、眾生濁、命濁中，得阿耨多羅三藐三菩提，為諸眾生說是一切世間難信之法。』舍利弗！當知我於五濁惡世行此難事，得阿耨多羅三藐三菩提，為一切世間說此難信之法，是為甚難。」

佛說此經已，舍利弗及諸比丘，一切世間天、人、阿修羅等，聞佛所說，歡喜信受，作禮而去。

在因緣具足的時候，佛陀就在舍衛國的祇樹給孤獨園，與一千二百五十位大比丘僧一起聚會說法。他們都是已經成就的大阿羅漢，廣為人知的偉大聖者。他們分別是長老舍利弗尊者、摩訶目犍連尊者、摩訶迦葉尊者、摩訶迦旃延尊者、摩訶俱絺羅尊者、離婆多尊者、周利槃陀伽尊者、難陀尊者、阿難陀尊者、羅睺羅尊者、憍梵波提尊者、賓頭盧頗羅墮尊者、迦留陀夷尊者、摩訶劫賓那尊者、薄拘羅尊者、阿㝹樓馱尊者，這些都是佛陀偉大的弟子。此外，還有許多偉大的菩薩大士：他們是文殊師利菩薩、阿逸多菩薩、乾陀訶提菩薩、常精進菩薩等，這些無量的菩薩，還有無量的天神，像釋提桓因帝釋天王等，這些無量的諸天大眾聚會在一起。

這時候，佛陀告訴長老舍利弗：「從我們這個世界往西方算過去，經過了十萬億佛陀所教化的國土，有一個世界叫做極樂世界，在這個世界裏有一位佛陀，名為阿彌陀佛。阿彌陀佛在極樂世界裏，光明晃耀，現在正在說法。」舍利弗，這個世界為什麼叫做極樂世界呢？因為這個國土的眾生沒有任何苦難，只有信受一切無上的喜樂，所以稱為極樂世界。（這個世界是沒有痛苦、沒有煩惱的世界，所有在這個世界的佛菩薩、乃至所有的諸上善人，都是只有歡喜快樂，所以稱為極樂世界。你應當安心的發願，要往生這個極樂世界）而且，舍利弗啊！這個極樂國土，有七重的欄杆，七層的羅網，七層行樹，都是金、銀、瑠璃、水晶等四寶所顯現而成，環繞在四面八方，非常美麗，所以這個國土稱為極樂世界。

而且，舍利弗！極樂世界裏有一等七寶的寶池，這池中有具足一等八種功德所成的不可思議的淨水，充滿在七寶池當中。七寶池底，都是用金沙佈地，四周的階梯、道路都是由金、銀、瑠璃、玻璨等珍寶所合成的；而在這上面建有樓閣，也是以金、銀、瑠璃、玻瓈、硨磲、赤珠、碼碯來莊嚴校飾。（寶池中的水，因為具有八種特性而稱為「八功德水」：它具有澄淨、清涼、口感甘美，水質輕軟、觸摸起來十分的潤澤安適、能去除飢餓口渴、能長養身心等八種功德。）寶池中充滿了各色的蓮花，像車輪般那麼巨大，青色的蓮花放出青光、黃色的蓮花放出黃光、紅色的蓮花放出紅光、白色的蓮花放出白光⋯，發出無量的光明與微妙的芬芳潔淨。舍利弗啊！極樂國土成就了這樣不可思議的莊嚴。

而且，舍利弗！這個國土常常會現起不可思議的微妙天樂。極樂世界的大地都是黃金所構成的，金光晃耀，廣大平整，而且天上從早到晚、晝夜六時、隨時隨地，都下雨像曼陀羅花。在這個國土的眾生，經常在清晨，用衣服盛滿微妙、芬芳的鮮花，到十方世界供養他方十萬億佛土的佛陀。由於極樂世界的眾生都具足神通，所以雖然是到十方世界供養無量佛陀，但是他們可以在一頓飯那麼短的時間裏，往來十方世界與本國極樂世界，然後再吃飯與經行。舍利弗啊！極樂國土成就這樣不可思議的功德莊嚴。

舍利弗啊！在這個國土當中，經常有各種奇妙、各種顏色的鳥類，像白鶴、孔雀、鸚鵡、舍利、迦陵頻伽、共命鳥等。這些各類的眾鳥，無論在白天或是夜晚，都發出最和合、幽雅的妙音。這些聲音都是演暢宣說信根、勤根、念根、定根、慧根等五根，信力、精進力、念力、定力、慧力等五力，念、擇法、精進、喜、輕安、定、捨等七菩提分，正見、正思惟、正語、正業、正命、正精進、正念、正定等八聖道分，如是等一切的佛法。極樂國土的眾生聽到這些鳥叫的聲音，心中自然會生起念佛、念法、念僧的心念。舍利弗啊！你不要以為這些鳥是罪報所生的眾生。為什麼呢？因為極樂世界是沒有三惡道的。舍利弗！在這個國土裡面連惡鬼、地獄、畜生這三惡道的名稱都沒有了，何況有真的三惡道呢？這些眾鳥其實都是阿彌陀佛讓正法的聲音宣流，所以變化而示現了這些眾鳥。舍利弗啊！極樂世界的微風吹動著這些珍寶所成的行樹以及寶羅網，發出微妙的聲音，就好像是百千種的樂音同時演奏。聽到這些聲音的人，自然會生起念佛、念法、念僧的心念。舍利弗啊！阿彌陀佛的國土，成就了如此的功德莊嚴。

舍利弗！你認為如何呢？為什麼極樂世界的佛陀被稱為「無量無邊阿彌陀」呢？舍利弗！這是因為這位佛陀的光明無量無邊，照耀十方國土，沒有任何的障礙，所以稱為阿彌陀。而且，這位佛陀的壽命，以及他的佛土人民的壽命，都有無量無邊阿僧祇劫，那麼長遠無際的壽命，所以稱為「阿彌陀」。舍利弗啊！阿彌陀佛成佛以來，直到現在已經經過十劫那麼長遠的時間了。而且，舍利弗！阿彌陀佛有無量無邊的聲聞弟子，都是偉大的阿羅漢，他們的數目無量無邊，不是算數計量所能知曉的，而他的菩薩眾弟子也是如此的無量無邊，算數無法窮盡。舍利弗！阿彌陀佛的極樂國土，成就著這樣不可思議的功德莊嚴。

此外，舍利弗！在極樂世界國土的眾生，都是已經達到了不退轉境界的人啊！甚至其中有許許多多的人都已經成為最後一身的菩薩，即將成佛，他們的數量十分的龐大，不是算數所能夠計算了知的，只可以說用無量無邊阿僧祇劫來說明。舍利弗啊！當眾生聽聞到這無邊聖妙的法音，現在應該立即發願，往生這個極樂世界，為什麼呢？因為在這裏能夠與所有的諸上善人在一起修行，直到圓滿。舍利弗啊！

不能用微小的善根、福德因緣，得以往生極樂國土。

舍利弗！如果有善男子、善女人，聽聞到阿彌陀佛，能一心一意的稱念「阿彌陀佛」的名號，不管是念一天、二天、三天，或是四天、五天、六天、七天，如果能夠念佛到達一心不亂的境地，此人在臨命終的時候，阿彌陀佛與一切的菩薩聖眾，一定會出現在他的面前來接引他。這個人臨終的時候，心中就能清楚明白，不生顛倒幻想，這時就得以往生阿彌陀佛的極樂國土。舍利弗！我見到這樣的利益，所以說了這些話。如果有眾生聽聞到了這樣的殊勝教法，應當發願往生極樂國土。

舍利弗！就如同我現在讚歎阿彌陀佛不可思議的殊勝功德，在東方也有阿閦鞞佛、須彌相佛、大須彌佛、須彌光佛、妙音佛等，如同恒河沙數般的佛陀，他們都各自在他們自己的國土，示現廣長舌相，遍覆三千大千世界，說出最誠實的話語：「你們這些眾生應當相信稱讚這部不可思議功德、一切諸佛所護念的經典。」

舍利弗！在南方的世界裏，也有日月燈佛、名聞光佛、大燄肩佛、須彌燈佛、無量精進佛等，如同恒河沙數般，無量無邊的佛陀，他們都各自在他們的國土，示現廣長舌相，遍覆三千大千世界，說出最誠實的話語：「你們這些眾生，應當相信稱讚這部不可思議功德、一切諸佛所護念的經典。」

舍利弗！在西方的世界裏，有無量壽佛、無量相佛、無量幢佛、大光佛、大明佛、寶相佛、淨光佛等，如同恒河沙數無量無邊的佛陀，他們都各自在自己的國土，示現廣長舌相，遍覆三千大千世界，說出最誠實的話語：「你們這些眾生，應當相信稱讚這部不可思議功德、一切諸佛所護念的經典。」

舍利弗！在北方的世界裏，有燄肩佛、最勝音佛、難沮佛、日生佛、網明佛等，如同恆河沙數無量無邊的佛陀，他們都各自在自己的國土，示現廣長舌相，遍覆三千大千世界，說出最誠實的話語：「你們這些眾生，應當相信稱讚這部不可思議功德、一切諸佛所護念的經典。」

舍利弗！在下方的世界裏，有師子佛、名聞佛、名光佛、達磨佛、法幢佛、持法佛等，如同恒河沙數無量無邊的佛陀，他們都各自在自己的國土裏，示現廣長舌相，遍覆三千大千世界，說出最誠實的話語：「你們這些眾生，應當相信稱讚這部不可思議功德，一切諸佛所護念的經典。」

在上方的世界裡，有梵音佛、宿王佛、香上佛、香光佛、大燄肩佛、襍色寶華嚴身佛、娑羅樹王佛、寶華德佛、見一切義佛、如須彌山佛等，如同恒河沙數般無量無邊的佛陀，他們都各自在自己的國土，示現廣長舌相，遍覆三千大千世界，說出最誠實的話語：「你們這些眾生，應當相信稱讚這部不可思議功德，一切諸佛所護念的經典。」

舍利弗！你認為如何呢？為什麼這部經典叫做《一切諸佛所護念經》呢？舍利弗！這是因為如果有善男子、善女人能夠聽聞這部經典而且受持，並且聽聞到諸佛的名字。那麼這些善男子、善女人都是一切諸佛所共同護念的，都能在無上正等正覺中，達到不退轉的境地。所以，舍利弗！你應當信受我及諸佛所說的話。

舍利弗！如果有人已經發願、現在發願、未來應當發願，要往生阿彌陀佛國土的人，這些人都會在無上菩提當中達到不退轉。而且在極樂國土當中不是已經受生、就是現在要往生，或是未來應當往生。

所以，舍利弗！諸位善男子、善女人，如果深信佛陀所說的話，應當發願往生阿彌陀佛的國土。

舍利弗！正如同釋迦牟尼佛現在稱讚諸佛不可思議的功德，諸佛等也稱讚我的不可議的功德，他們說道：「釋迦牟尼佛能夠成就最為甚深難得、稀有的事，能夠在娑婆世界，這個五濁惡世：所謂劫濁、見濁、煩惱濁、眾生濁、命濁中，證得無上正等正覺，為一切世間宣說如此難信的法門，這實在太困難了！」

當佛陀說完這部經之後，舍利弗及諸位比丘、一切世間的天、人、阿修羅等，聽聞佛陀所說的教法，都歡喜信受，合掌作禮而離開了。

拔一切業障根本得生淨土陀羅尼（持誦三遍）

拔一切業障根本得生淨土陀羅尼

南無阿彌多婆夜　哆他伽哆夜　哆地夜他　阿彌利都婆毘
阿彌利哆　悉眈婆毘　阿彌利哆　毘迦蘭諦　阿彌利哆
毘迦蘭哆　伽彌膩伽伽那　枳多迦隸　莎婆訶

一心皈命於無量光明的阿彌陀如來，
在此宣說這殊勝的神咒，是由不死甘露所出生者，
由甘露成就所出生者，具有不滅的甘露神力者，
甘露的威神力者啊！到達究竟吧！
深願清淨的名號普滿於天下，圓滿成就！（誦念三遍）

南無蓮池海會佛菩薩（稱念三次）

提要綱領　敲鳴鎮尺

西方世界依何因緣稱為極樂，
只因為一切的眾苦不能侵淩。
修道人的若要尋覓究竟的歸路，
只有向塵世中徹底了悟自心。

心心念念即是佛陀，
最上的醍醐、精妙的酥酪，都是從牛乳中精練而生，佛佛惟有來自此心。
就像所有釵、釧與瓶子、杯盤，都是用黃金所製成的一樣。
西方極樂世界在遙遠的十萬億佛土之外，
在實相中與娑婆世界地球完全相合，
這正如同東方與西方沒有分隔一般。
在每日的二六十二時辰當中，
凡夫與聖者都走在相同的道途，
我們低首合掌於如同白玉般的佛陀白毫相前，
眾星明映、日光麗明於天際，
歌頌讚嘆著佛陀的紫金妙容。
霹靂霆震、迅雷疾轟，
如同清淳明月般的佛性，有水之處皆悉含容。

功德所成的祥雲，沒有任何的山峯不予承載；
正如同通透諸法體性般的香象渡河，
一聲舉揚〈南無阿彌陀佛〉的洪名，
就能超越凡夫分段與聖者變易的二種生死。
就像迦陵頻伽共命鳥，破殼而出初生時所發出的妙音，
這由至心中所稱念〈南無阿彌陀佛〉千遍嘉號，
能壓伏一切的聲音。
以眾生的凡下心境，僅能仔細的推敲思忖，卻難以透徹的思量。
此時我們一念清淨的迴光返照，
卻反而能讓我們輕易的到達淨土，
因為究竟的境界並不居於自心之外啊！

圓明的實相分明只在我們的眼前，
仔細觀想如是的實境，
即是我們大家現前，應該當下一心精誠的繫念：〈阿彌陀佛〉，
晝夜相續不斷的修習三時佛事。
如果說我們不從事這佛法的修證，
那麼「親蒙佛陀授記」這一句話，又如何能舉說宣揚？

敲鳴鎮尺

清風吹拂，樹與樹間共吟出千般的妙樂，
妙香沉入，池與池中，漫衍出四色的華香。

（維那師舉唱）

阿彌陀佛的金色妙身，
具足了三十二相與八十種好，無量光明、無與等倫，
雙眉中的白毫相好，宛轉流出，如同五座須彌山般的光明；
你紺青色的雙目，廣大如同大海水般的澄清；
無量光明示現了無數億的化佛，
更示現著無邊的化菩薩眾；
發起了四十八大願，廣度一切眾生，
讓九品往生極樂淨土的眾生，登上了究竟解脫的彼岸。
南無西方極樂世界大慈大悲阿彌陀佛

（念佛百聲之後，維那舉讚唱誦：）

第一大願　觀想阿彌陀佛，
四十八願廣度娑婆世界眾生。
九品往生淨土，湧出極樂世界七寶池中的金色淨波。
七寶交織出光明羅網，度脫亡靈超出愛欲之河。

南無蓮池海會佛菩薩（稱念三次）

開示講演　敲鳴鎮尺

一切諸苦盡從貪欲生起，不知貪欲又起於何處？

因為忘了自性的阿彌陀佛，各種妄想紛馳、這些煩惱總是心魔。

佛陀的經教中說道：

一切生起的眾相，在實相中皆是無生。

這是因為究竟的法性，都是清淨湛然的。

而無生的實相，在緣起中出生一切，

業力與因果，真是清楚儼然、毫無錯謬的！

所謂生的現象，就是眾生在生生滅滅中的現象軌跡；

而所謂無生的實相，即是諸佛涅槃寂靜的根本狀態。

所謂的法性清淨湛然，說明了靈明湛寂的本覺心性，

本元微妙、寂照相圓不可思議，

真空常寂、真實常住。

個個眾生現成不無，人人現前本具圓滿。

只因最初的無始一念無明不覺，忽然之間起動了分別心念，
錯認虛妄為真實，迷失了自己的心性，而追逐於外物。
因此在業力羅網牽絆糾纏之下，流轉在五道世界中不能出離，
恆久的隨著生死輪迴升起與沈淪，從亙古直到今日，無法安住悠閒。

我們應當了知，一切的生都是來自因緣的生起；
但是法性卻不會與因緣外相俱相生起。
而所謂滅，也自是因緣的趨滅；但是法性卻不會與因緣俱滅。
所以才說：「法性湛然清淨。」

這就是所謂的：「生而無生」的狀態啊！

此外，「無生而生」的現象，

是指出眾生因為無明迷惑妄想進入心中，

積聚業力而成了果報，虛幻的承受著輪迴，轉動生死不止，

妄見執著於生滅的幻相。

但是在法性自體上，這些卻宛如是在明鏡中現起的眾像，

如同摩尼寶珠一般，隨著外在的各種顏色，如意轉換。

我們應當了知明鏡的光輝本來清淨，而寶珠體性絕無破損瑕痕。

萬物與外境相互彰顯，從來不會違逆於自身所顯的色像。

而這些色像的去來變遷，就像業力果報，是謹肅儼然、纖毫分明，相應不爽的。

因此，諸佛在儼然有序的生滅眾境當中，

只有明見無生的實相，而眾生在湛然無生的當下，卻只見到了生滅的幻相。

這只是因為迷悟之間有了差別，所以導致在當下現量的體會中不能一致，

真實的狀態，乃是一切萬相的生是空無自性的，而無生也是現空而無自性。

當我們證悟之後，那麼所有的生滅現象，都是現前無生的。

而在迷惑的人眼中，則所有無生的實相皆是生滅的幻相。

所以離開此境別無差別，這僅僅是一體而異名罷了。

如果能仔細審思如是的狀態，則能了知阿彌陀佛即是我們的自心，我心即是阿彌陀佛。淨土即在此處，我們所安立的地方即是淨土。

所以，這豈不是因為迷悟的狀態，而讓我們自心產生差別，那裏會有所謂的聖者與凡夫，而分別彼此呢？

因此乃知，現前大眾等同，以自性的阿彌陀佛，給與大眾清淨的舌根，普同念佛運轉根本的法輪。諸位仁者，你們是否能了知呢？

生滅無生、生而不生；在極樂蓮邦那裏，是禁止凡人行進而入的。但誰能了知，在萬丈紅塵世界裏，菡萏蓮華盛開，心月卻正光明！

（維那師舉唱）

南無西方極樂世界大慈大悲阿彌陀佛

（法師與大眾一齊下座，旋遶念佛。
千聲之後，到達靈位之前，停止念佛號，
再舉唱）

南無觀世音菩薩摩訶薩

南無大勢至菩薩摩訶薩

南無清淨大海眾菩薩

（各稱念三次）

（稱念完畢後再念誦普賢十大願王）

普賢十大願王三昧明穗

法界體空全禮佛，讚嘆彌陀不思議，
身口意淨勤供養，懺悔業障住實相。

功德廣大勝隨喜，祈請法輪如法位，
彌陀住世無量壽，願隨佛學無生滅，
眾生隨順咸成佛，普皆迴向法住德。

四弘誓願

眾生無邊我誓願救度，煩惱無盡我誓願斷除，
法門無量我誓願學習，佛道無上我誓願成就。

接著讚念：

佛陀大寶，我等恭敬讚嘆無有窮盡；
如來的功德，在無量的時劫中成就，
示現了巍巍高大的丈六紫金妙容。

在雪山顛峰中，圓證了大覺之道，
眉際間宛如白玉的毫毛燦爛放光，
照開了六道眾生的昏昧迷蒙。
我們祈願在未來彌勒佛下生的龍華三會中，再相逢聚會，
並演說出佛法真正的宗要。

（念佛之後上座）　敲鳴鎮尺

人人的本分之上，本有著阿彌陀佛。
個個的清淨心中，總能成為淨土。
了達之後，處處現成，頭頭分明的現見佛陀。
開悟之後，則步步所行，皆朝向西方極樂世界。
從上以來，啟建了三時繫念的淨業道場，

現在，第一時的佛事已經圓滿；

以上的殊勝勳德，完全投入阿彌陀佛的廣大願力大海當中，專為亡靈（某某）迴向，祈願能求生淨土。

我等但念自從無始以來，以迄於今生，由於本初一念，無明心生，違逆於真實的覺明實相。眼、耳、鼻、舌、身、意等六根，執著色、聲、香、味、觸、法等六塵外境，

追逐妄想幻境，隨著情意造作眾業，放縱自我為非行邪。譬如身業則是殺生、偷盜與邪淫等事，口的過患則是不實妄言、輕浮綺語與兩舌惡口、挑撥離間。意念造惡則是常起貪著、瞋恚的惡念，深生愚痴愛執。

由此三種惡業，鉤鎖虛妄因緣，不只常奔流於塵勞的波濤，更只

是一味茫茫愚迷的沈溺於廣大無際的歲月。

現在想要出離這些無明的輪迴境界，只有憑藉著懺悔所熏習修行的力量，

使得眼、耳、鼻、舌、身、意六根，所造成的過錯罪愆，相應於此清淨一念，而頓然消除。

使色、聲、香、味、觸、法等六種外境浮塵，及時得到清淨。

除此之外，祈求往生極樂淨土，全憑一心發願。

現在更仰賴勞駕修法大眾，

異口同音，恭敬的為亡靈至心懺悔發願。

往昔所造的各種惡業，都由無始貪、瞋、癡引發，

從我們的身、語、意所生，我現在佛前祈求懺悔。

眾生無邊我誓願救度，煩惱無盡我誓願斷除，

法門無量我誓願學習，佛道無上我誓願成就。

南無普賢王菩薩摩訶薩（稱念三次）

從上以來的懺悔、發願已經圓滿，

（敲鳴鎮尺）亡靈（某某）你應當知曉：

所謂淨土的真實教誨，乃是仰承著阿彌陀佛，

四十八個大慈大悲的深重願力，攝受信取十方的一切眾生。

凡是具有信心的人，皆能得以往生極樂世界。

所謂的信，乃是深信有西方淨土，深信有阿彌陀佛攝取救度眾生的事。

我等眾生，深信有往生極樂淨土之分，這雖然意謂著阿彌陀佛攝取信眾往生淨土，但我們還是要確信這只是隨心所自現的境界，由感應阿彌陀佛，道交淨土勝法而示現，這一切現象究竟並非從心外所得。能如是確信的人，才能稱為真信。但是只有相信，而不能實踐淨土的修法行持，也完全無法成就其真信。所謂的修行，在《楞嚴經》中說道：「都攝六根，淨念相續，不假方便，自得心開。」這即是完全收攝我們的眼、耳、鼻、舌、身、意等六根，不使這六種感官身心向外馳散，讓我們自心在完全沒有雜染的狀態之下，清淨心念相繼不斷。

這時，不需要在依恃假藉其他的方法與方便，便能讓我們自然得悟，心開意解。

而《阿彌陀佛經》說：「若有善男、善女人，聞說阿彌陀佛，執持名號，若一日，若二日，乃至七日，一心不亂，其人臨命終時，阿彌陀佛，與其聖眾，現在其前，是人終時，心不顛倒，即得往生阿彌陀佛極樂國土。」

這說明，如果有任何善男子或善女人，能聽聞述說有阿彌陀佛時，便能生起信心，執持著阿彌陀佛的名號，假若一日，假若二日，如是乃至在七日之中，能一心不亂的念佛，那麼這個人在臨至命終的時候，阿彌陀佛與極樂世界的聖眾，便會示現在他的眼前；這個人命終的時候，心中不生起任何的顛倒妄想，即能得以往生阿彌陀佛的極樂國土。如此修行的話，就名為正行。但是有行而無願，也不能成就真正的行持。所謂的願，乃是與阿彌陀佛的四十八願，願願相應，這才是所謂的大願。信心、行持、願力三者，如同鼎的三足，缺一不可。現在你這位亡靈，應當了知現前的一念，本來圓滿常住，所以信、願、行三者，原是自己本來具有的。這樣的體性妙德，在現在只是由本性光明所顯發而已。

（敲鳴鎮尺）

阿彌陀佛、無上的醫王，
巍巍崇高的金身色相放出毫光，
在苦海中作為慈航，駛往那九品往生的蓮邦佛土；
大眾共同發願、往生極樂西方。

南無蓮池海會佛菩薩（稱頌三次）

（第一時的佛事已畢，法師僧眾下座）

第二時

（法師與僧眾登座坐定，維那師舉唱：）

南無蓮池海會佛菩薩（稱念三次）

佛說阿彌陀經（接著念誦阿彌陀經一遍）　*白話文見第一時

拔一切業障根本得生淨土陀羅尼（持誦三遍）　*白話文見第一時

南無蓮池海會佛菩薩（稱念三次）

敲鳴鎮尺

那麼便就今朝成佛而去，

樂邦化主阿彌陀佛已嫌你來遲了，

那裡還堪等待，那些還在談論之乎者也間躊躇空言的人？

若未警醒精進，管取你輪迴的沒個了時。

本來遍十方法界盡是極樂世界，所有的山光水色，似空而合於空。

大地盡都是清淨安泰的故鄉。眾華微笑、萬鳥清啼，

宛如以明鏡照耀著明鏡一般，相映無盡，

自是不歸而歸便自了得了。

因此，在五湖四海的湮雲幻景中，還有誰能與之相爭？

阿彌陀佛的黃金聖臂，不管晝夜，相續不斷恆常的垂下接引，

但惟有允許淨土行人，獨自委實託付受用。

阿彌陀佛眉間的智慧白玉毫相，古今一切萬事都不能隱昧，
此中全憑有願者肩負承當。所以說萬法即是心的光明，
一切萬相諸緣惟有自性能曉了，
本來就無有所謂迷、悟等差別的人，
只要今日徹底明了。
即如今日現前的大眾等，
一心繫念於第二時的佛事，
現在且用一句話來了悟，
這又要如何舉揚這樣的境界呢？

琉璃池上懸掛著明月
菡萏蓮華閒戲著水禽

（維那師舉唱）

阿彌陀佛的金色妙身，

具足了三十二相與八十種好，無量光明、無與等倫，

雙眉中的白毫相好，宛轉流出，如同五座須彌山般的光明；

你紺青色的雙目，廣大如同大海水般的澄清；

無量光明示現了無數億的化佛，

更示現著無邊的化菩薩眾；

發起了四十八大願，廣度一切眾生，

讓九品往生極樂淨土的眾生，登上了究竟解脫的彼岸。

南無西方極樂世界大慈大悲阿彌陀佛

（念佛百聲之後，維那舉讚唱誦：）

第一大願　觀想阿彌陀佛，
四十八願廣度娑婆世界眾生。
九品往生淨土，湧出極樂世界七寶池中的金色淨波。
七寶交織出光明羅網，度脫亡靈超出愛欲之河。

南無蓮池海會佛菩薩（稱念三次）

講說演法　敲鳴鎮尺

是心是佛，將心憶念；

念到心空，佛亦全忘。
撒手歸來，重新檢點；
華開赤白，並與青黃。

佛陀法教中說道：「惟心佛亦爾，惟佛眾生然，心佛及眾生，是三無差別。」這說明了一切萬法都是惟心所造，佛亦如是，而且不只惟佛如此，而眾生亦復皆然。

因此心、佛以及眾生，這三者之間，是完全平等毫無差別的。

其中所謂的心是什麼呢？心有許多種不同的分類，有所謂的肉團心，乃是我們現在父母血氣所生的心臟。還有緣慮的心，就是現在，我們在善惡順逆境界上，種種分別的意念。此外還有靈知的心，乃是混於各種千差萬別的幻相而不亂，經歷過去、現在、未來等三際時間而不會變遷，炳然光耀獨照法界，出類拔萃，卓爾不群的覺知；在聖者身上並不增加，而在凡夫身上也不減失。自然處於生死洪流當中，但如同驪龍頷下的寶珠一般，獨自明耀于滄海之際，居於解脫涅槃的彼岸。如同桂輪明月孤照明朗于中天之上一般。

諸佛了悟於這個實相，所以假名為惟心。而眾生迷惑於幻境，便成為虛妄的意識。體證於此，因此可以了知佛即是眾生，眾生即是佛。而且心外更別無有佛，亦無有眾生，只有在迷與悟之間，產生了凡夫與聖者的迴異差別而已。我們哪裡能了知，原來心、佛與眾生三者根本是平等而無差別！

永嘉禪師說：「夢裡明明有六趣，覺後空空無大千。」，也就是說我們在迷夢的狀態中，明明有六道輪迴的現象，但是當我們覺悟之後，卻是一切空空如實，沒有任何大千世界的幻境。既然如是，《阿彌陀經》中所說：「從此地向西方經過了十萬億佛土，有一個世界名為極樂，在這國土中有佛，其尊號稱為阿彌陀佛，現在正在說法廣度眾生。」

這樣的說法，總是不出於唯心淨土，自性中的實相阿彌陀佛。

由此我們可以了知，即在現前往生亡過的（某某），他的出生也是在蓮花朵朵來現瑞吉祥中現生，他的過歿也是在重重的七寶行樹當中，一切圓滿。他無有一時不到達於極樂世界蓮邦淨土，也無一念不依於眾生的慈父阿彌陀佛。

如是仔細審諦思惟之後，且試道看看：

離開這心、佛、眾生之外，是否另外別有可商量之處嗎？

大圓鏡裏，絕無纖埃；
碧藕華中，結有聖胎。
遙望金沙，池沼之外；
寶光常照，淨玉樓台。

（維那師舉唱）

南無西方極樂世界大慈大悲阿彌陀佛

（下座之後，旋繞念佛千聲之後，至靈位前法師舉唱）

南無觀世音菩薩摩訶薩

南無大勢至菩薩摩訶薩

南無清淨大海眾菩薩摩訶薩（各稱念三次）

（後唱念後文：）

十方三世一切佛，阿彌陀佛為第一，
九品蓮華度眾生，威德無上無窮極。
我今至命大歸依，懺悔所有三業罪，
凡有所作諸善福，至心一意用迴向。
深願普同念佛人，感應道交隨時現，
臨終西方淨土境，分明顯現在目前。
見聞修持皆精進，同生淨土極樂國，見佛了悟生死超，如佛普度於一切。

無邊煩惱誓願斷，無邊法門誓願修，
無量眾生誓願度，總願究竟成佛道。
虛空廣大有竭盡，我願畢竟無窮時。

祈願往生西方極樂淨土之中，上品蓮華成為我重新誕生的父母，
華開見佛讓我徹悟無生法忍，不退轉菩薩為我殊勝的伴侶。

（接著讚誦）

法寶實在難以思量，如來金口親自宣揚，
龍宮大海、殊勝寶藏，散發天香，覺者誦揚。
琅玉寶琙、玉軸霞條，真金寫字，宛似秋雁，排列成行。
往昔勝因，三藏法師，取來大唐，千秋萬古，廣為敷揚。

念佛登座　敲鳴鎮尺

蓋曾聽聞：至虛之後，有鳴讚應答的聲音；寂滅之時，有無形無影的妙相。但是谷中回響全是自然，不加以呼喚，即不會引來應答。佛身寂滅，超絕一切，遠離於所有分別造作，沒有加以扣鳴祈問，是無法彰顯實相的。從上以來所啟建的第二時繫念佛事，已經圓滿。

如上的殊勝功勳，現在投入如來的大願勝海之中，出生無量的功德。

專為亡靈（某某）洗淨滌除一切的罪業塵垢，增長善根。捨去此生的報緣之後，能往生極樂淨土。

心中但念自從無始以來，直到今生，如同浮漚水泡生於巨海當中，追逐意識的波浪，忽高忽低，無有停止之時。這就像浮雲點雜於大清虛空，任隨情意心風而生起人、我分別。於是循環輪迴於生死六道諸趣，流轉於胎生、卵生、濕生、化生等四生之中，漂盪不止。在廣大的業海當中，茫茫無際，沒有出期。

罪障的高山岌岌可危，如果不憑著真心的發露懺悔，何能完全清除？

深刻的懺摩悔過已往所造罪業，一心發願於當來所行的一切清淨。

現在再勞請修法大眾，至心輔助懺悔發露。

往昔所造的各種惡業，都由無始貪、瞋、癡引發，

從我們的身、語、意所生，我現在佛前祈求懺悔。

眾生無邊我誓願救度，煩惱無盡我誓願斷除。

法門無量我誓願學習，佛道無上我誓願成就。

南無普賢王菩薩摩訶薩（稱念三次）

上來的懺悔發願已經完成，具足的行持，猶如一個人具有眼目，堪能行動自由。

祈願如同日月燈光般的光明，依著光明的普照，讓我能洞燭徹見一切分明，修行者方能達到前述所說的境界。

所以念佛的人，若不發願往生極樂淨土，縱然有功德行持，但亦如同虛設般無用；因為不隨順於佛的緣故。現在你這位亡靈，應該了知這個真實的意旨。

阿彌陀佛、無上的醫王，
巍巍崇高的金身色相放出毫光，
在苦海中作為慈航，駛往那九品往生的蓮邦佛土；
大眾共同發願、往生極樂西方。

南無蓮池海會佛菩薩（稱念三次）

第三時

（法師與僧眾登座，坐定之後維那佛舉唱）

南無蓮池海會佛菩薩（稱念三次）

佛說阿彌陀經（接著念誦阿彌陀經一遍）

*白話文見第一時

拔一切業障根本得生淨土陀羅尼（持誦三遍）

*白話文見第一時

南無蓮池海會佛菩薩（稱念三次）

十萬億佛土剩餘的行程，不會隔於塵勞煩惱；休將迷悟狀態，成為分別心自限疏親；

在剎那的之間，念盡恆河沙般的佛陀，如此便是西方蓮華極樂佛國裏的人。

相合於塵勞煩惱，而背離了覺悟的心性，如同栽下荊棘在七寶清淨的園林當中。

現在應當捨離妄想煩惱，歸於真諦實相。將宛如帝釋天王如意寶珠之網的清淨自性，羅列在胎、卵、濕、化等四生輪迴門戶之前，超越生死之道，使縱橫一切的萬法，圓滿的封裹在清淨的一心，這是分別心念所不能及的非思量處。

阿彌陀佛啊！當下坐斷眼、耳、鼻、舌、身、意六根的纏縛，在毫無造作之時，這清寧安泰的極樂故鄉，便橫吞八極宇宙的一切世界，破除各種的群昏迷惑與煩惱，如同杲日高明，麗淨普照於天際。這境界能療治眾病，如同雪山上的藥樹之王〈善見神藥〉一般，使眾病全消。所以說：一稱〈阿彌陀佛〉的名號，即能滅除八萬億劫的生死眾苦。這利益有如是不可思議的廣大，豈是譬喻言說所能企及呢？

就如同現今繫念第三時的佛事，且說道現前的大眾等，同聲相應憶念這一句佛號。這又要如何指引陳述呢？

一心從佛向舌根念起　不覺蓮華隨足底出生

（維那師舉唱）

阿彌陀佛的金色妙身，
具足了三十二相與八十種好，無量光明、無與等倫，
雙眉中的白毫相好，宛轉流出，如同五座須彌山般的光明；
你紺青色的雙目，廣大如同大海水般的澄清；
無量光明示現了無數億的化佛，
更示現著無邊的化菩薩眾；
發起了四十八大願，廣度一切眾生，

讓九品往生極樂淨土的眾生，登上了究竟解脫的彼岸。

南無西方極樂世界大慈大悲阿彌陀佛

（念佛百聲之後，維那舉讚唱誦：）

第一大願　觀想阿彌陀佛，

四十八願廣度娑婆世界眾生。

九品往生淨土，湧出極樂世界七寶池中的金色淨波。

七寶交織出光明羅網，度脫亡靈超出愛欲之河。

南無蓮池海會佛菩薩（稱念三次）

開示講演　敲鳴鎮尺

打破虛空，歡笑滿腮；
玲瓏寶藏，豁然現開。
直饒空劫，生前之事；
六字洪名，畢竟全該。

古人道：將清淨寶珠，投於濁水之中，汙濁的水也不得不清淨。現在將念佛的意念投入於亂心之中，亂心也不得不成就為佛。西方天竺有寶物，名為清淨寶珠，宣稱此珠投入於濁水之中，入於濁水一寸，則一寸的濁水立即能夠清淨。此珠入水，從寸到尺，乃至於到底，那麼濁水也就隨之而澄清湛明。我們應當了知此清淨寶珠，乃是比喻為念佛的清淨心念，而濁水則是比喻為雜亂的虛妄心念。當妄心雜亂的那一剎那，能夠舉起清淨的一念，如同面對慈尊佛陀一般，按定「南無阿彌陀佛」六字洪名，一字一字從口而出，迴入於自己的耳。那麼此等雜亂的心，自然隨著淨念而寂靜。

如此，自從此初始一念，而至於十念，乃至念念不移的一心專注念佛，這就是教法中所謂的「淨念相續」的意思。

念佛的人，須要信心懇切，敬畏正因，凜然嚴謹，深重憶念死生輪迴的可悲狀態，深切厭離塵勞煩惱，了知這些紛擾亂心，實為可痛。

因此，舉起一聲「阿彌陀佛」的佛名，直下心，更無異念見思。

這就如同拿著銳利無比的太阿寶劍，手握橫按，當著守護軒門凜然站立，這如同大火輪一般，星火騰馳烈燄熾然，萬物如果攖觸冒犯則燎火延燒，犯觸者立即損傷。直到一心不亂，主體對客體，能所兩忘，方能超脫。

而所謂修證到家的說法，現在不容再舉，而捷徑方便的詞語，又何勞再行掛齒相議呢？這就是可謂為修行的神術，超越方便的正途，破除生死蟄伏隱匿門戶的雷霆霹靂，顯明燭照，迷惑妄想通道幽衢的日月光明。

在今霄三時繫念的佛事即將圓滿。亡靈（某某）承受著現在上妙善修的功德，決定往生淨土。且行道出在一念尚未萌生以前，到底是否還有這個消息呢？

敲鳴鎮尺

此心空寂，意念有可處可以依止呢？
故國淨土邀你歸去，誰還未回歸呢？
蓮花界外的玉雞鳴啼於拂撓朝日，
遠迎新佛，敬奉如來廣大慈悲威德。

（維那師舉唱）

南無西方極樂世界大慈大悲阿彌陀佛

（法師與大眾一齊下座，旋遶念佛。
千聲之後，到達靈位之前停止念佛號，
再舉唱）

南無觀世音菩薩摩訶薩

南無大勢至菩薩摩訶薩

南無清淨大海眾菩薩

（各稱念三次，稱念完畢後再念誦後文）

一心歸命於西方極樂世界阿彌陀佛，祈願你以清淨光明注照於我，用慈悲的誓願攝受於我。我現今一心正念，稱誦「阿彌陀如來」的名號，為了菩提大覺之道，求生於西方淨土。阿彌陀佛往昔所發的根本誓願：如果有眾生欲往生我的佛國淨土，只要堅志一心、信樂憶念於我，乃至十次稱念我的名號，如果不能往生於我的佛土者，我即不取無上正覺成就佛果。所以，以這個念佛因緣，就能得以進入如來的廣大誓願大海中。

除此之外，也將承接著佛陀慈憫加持，讓我們的罪業消滅，善根得以增長。如果臨命終時，因為自己預知因緣時至，身體沒有任何病苦，而自心也不貪戀此生，意念毫不顛倒，宛如入於禪定境界。此時，阿彌陀佛及聖眾便手執金色蓮台，來迎接我。於是在一念之頃，往生極樂國土，蓮花開敷，親見阿彌陀佛。即刻聽聞極致究竟的佛乘教法，頓然開悟佛陀究竟的智慧，廣度一切眾生，圓滿廣大的菩提勝願。

念佛至臨終時親見了七寶蓮台，寶幡、寶蓋遍滿虛空中一列排開；

阿彌陀佛、勢至、觀音菩薩等聖眾。你要合掌相隨，歸去極樂淨土。

僧寶，具有不可思議的功德，

身上披著具足身、語、意戒三事，宛如雲彩般的僧衣。

若具足聖德，就像踏在浮水盃皿上的聖僧一般，

在剎那之時，能過海而來，游化前赴感通相應的各種機緣；

堪作為人天的功德之主，堅持戒行沒有任何相違之處。

我現在稽首禮敬，祈願聖眾們能遙感通知曉，鳴振錫杖前來提攜扶持。

（念佛登座）敲鳴鎮尺

念佛既然從心而出，結使煩惱罪業，

那裏會屬於由外而來的境界？

事實上，當我們在頃刻須臾之間，背逆了念佛的正心正念，

在剎那之際即成為結使煩惱的所在。

現在，則是大眾等依憑著教法，作三時繫念的佛事，

所集聚的殊勝因緣，專為迴向亡靈（某某）決定往生淨土。

自今而起戒香馥郁芳馨，慧炬光明瑩煌普照，迷雲撥開；

而廣大無際如天的體性，獨耀光朗。

虛妄塵勞窮盡之後，而心地自能開廓通達。

諸根圓滿清淨之時，一切的業力也頓然空寂。

一舉淨念之時，一華開敷之際，挹注清露，妙迎馨風，

香韻淨浮於七寶，

玉沼蓮池，一心馳情於專億念佛，求生淨土，

一味現生於極樂世界的勝果，迅即成就。

這就像含著煙雲對著太陽，
這浮煙雲影的投射，現落在極樂的金色庭園一般。
所以我們能自然的經行、坐臥在淨土之中，
遊戲消遙於極樂世界，並非分外妄想的事。

得到佛陀的受用境界，通徹佛法的根本源頭底蘊。
這時法身常寂光淨土，處處現前，
大誓願王在塵塵剎土中相契融會。
現在更為亡靈（某某）精誠至心懺悔發願。

往昔所造的各種惡業，都由無始貪、瞋、癡引發，從我們的身、語、意所生，我現在佛前祈求懺悔。

眾生無邊我誓願救度，煩惱無盡我誓願斷除

法門無量我誓願學習，佛道無上我誓願成就。

南無普賢王菩薩摩訶薩（稱念三次）

從上以來的三時繫念，以「阿彌陀佛」的萬德洪名，來勸導亡靈（某某）懺悔，淨除所有的結使、煩惱與業力，發願往生極樂淨土。行持願力，既然是那麼的深廣，功德自然不會有任何虛棄的狀況。惟願亡靈，聽聞這些法要，一心信受，專志奉行。依從於此教法，

托生受用自身質體於蓮花胎胞之中，永離所有的業障大海，直到
證得阿鞞跋致，
達於永不退轉的聖位，圓滿無上的大覺菩提。

阿彌陀佛，大願之王，
慈悲喜捨，難以思量，
眉開常放，白毫淨光，
廣度眾生，到極樂邦。
八德池中，九品賢聖，
七寶妙樹，排列成行，
如來聖號，若廣宣揚，
接引大眾，往生西方。

彌陀聖號，若廣稱揚，
共同發願，往生西方。

繫念阿彌陀佛，功德殊勝妙行；無邊究竟勝福，現皆圓滿迴向；
普願沈溺輪迴，一切法界眾生；一心發願速往，無量光佛剎土。
十方三世一切佛，一切菩薩摩訶薩，摩訶般若波羅蜜。

自歸依於佛，當願所有眾生，
紹隆興盛佛種，發起無上菩提之心。
自歸依於法，當願所有眾生，
深入一切經藏，具足智慧深廣如海。
自歸依於僧，當願所有眾生，

統理所有大眾，一切究竟無有障礙。
和南稽首一切聖眾。

附錄

中峰國師三時繫念佛事

另設啟請法座，班首鳴引磬，齋主上香、禮拜已。班首前行（後師），齋主又後，至佛（前師）拈香。

維那舉讚

戒、定真香，焚起衝天上，（齋主弟子）虔誠，爇在金爐放。頃刻氤氳，即遍滿十方，昔日耶輸，免難消災障（香雲*蓋三稱，畢。師云：）。

註：流通版作「蓋」。

覺海*虛空起，娑婆業浪流，

若人登彼岸，極樂有歸舟。

註：流通版作「虛」。

（大眾念佛，至靈前站定，念心經一卷，往生呪三遍，畢。舉讚，或說後文皆可。）

法王利物，悲智洪深，普徧十方，冥陽靡隔。今蒙齋主（某），恭為（某），屈逢（某）之期，特請山僧登座，依憑教法，作三時繫念佛事。迺爾亡靈，遭此勝緣，自宜嚴肅威儀，來臨座下，恭聆妙法，一心受度。

（大眾念佛，上座其座，對靈前供接引佛一尊，香華供養，維那舉讚。）

爐香乍爇，法界蒙熏，諸佛海會悉遙聞，隨處結祥雲，誠意方般，諸佛現全身。

（雲來集三稱，畢。師拈香云）

此一瓣香，根蟠劫外，枝播塵寰，不經天地以生成，豈屬陰陽而造化！爇向爐中。專伸供養。常住三寶。刹海萬靈。極樂導師。阿彌陀佛。觀音勢至。清淨海眾。悉仗真香。普同供養。

（香雲蓋三稱，畢。師與大眾齊座下）

第一時

南無蓮池海會佛菩薩（三稱，此係維那師舉）

佛說阿彌陀經

如是我聞：一時，佛在舍衛國祇樹給孤獨園，與大比丘僧千二百五十人俱，皆是大阿羅漢，眾所知識：長老舍利弗、摩訶目犍連、摩訶迦葉、摩訶迦旃延、摩訶俱絺羅、離婆多、周利槃陀伽、難陀、阿難陀、羅睺羅、憍梵波提、賓頭盧頗羅墮、迦留陀夷、摩訶劫賓那、薄拘羅、阿㝹樓馱，如是等諸大弟子；并諸菩薩摩訶薩：文殊師利法王子、阿逸多菩薩、乾陀訶提菩薩、常精進菩薩，與如是等諸大菩薩，及釋提桓因等，無量諸天大眾俱。

爾時，佛告長老舍利弗：「從是西方過十萬億佛土，有世界名曰極樂，其土有佛，號阿彌陀，今現在說法。舍利弗！彼土何故名為極樂？其國眾生無有眾苦，但受諸樂，故名極樂。又，舍利弗！極樂國土七重欄楯、七重羅網、七重行樹，皆是四寶，周帀圍繞，是故彼國名為極樂。

「又，舍利弗！極樂國土有七寶池，八功德水充滿其中，池底純以金沙布地。四邊階道，金、銀、瑠璃、玻瓈合成。上有樓閣，亦以金、銀、瑠*璃、玻瓈、硨磲、赤珠、碼碯而嚴飾之。池中蓮華大如車輪，青色青光、黃色黃光、赤色赤光、白色白光，微妙香潔。舍利弗！極樂國土成就如是功德莊嚴。

「又，舍利弗！彼佛國土常作天樂，黃金為地，晝夜六時，雨天曼陀羅華。其土眾生常以清旦，各以衣裓盛眾妙華，供養他方十

註：原文於大正藏作「瑠瑠」之詞，「瑠瑠」應是「瑠璃」詞之誤。

萬*億佛，即以食時，還到本國，飯食經行。舍利弗！極樂國土成就如是功德莊嚴。

「復次，舍利弗！彼國常有種種奇妙*襍色之鳥：白鶴、孔雀、鸚鵡、舍利、迦陵頻伽、共命之鳥。是諸眾鳥，晝夜六時出和雅音，其音演暢五根、五力、七菩提分、八聖道分如是等法。其土眾生聞是音已，皆悉念佛、念法、念僧。舍利弗！汝勿謂此鳥實是罪報所生。所以者何？彼佛國土無三惡道。舍利弗！其佛國土尚無惡道之名，何況有實！是諸眾鳥，皆是阿彌陀佛欲令法音宣流，變化所作。

舍利弗！彼佛國土微風吹動，諸寶行樹及寶羅網，出微妙音，譬如百千種樂同時俱作。聞是音者，自然皆生念佛、念法、念僧之心。舍利弗！其佛國土成就如是功德莊嚴。

「舍利弗！於汝意云何，彼佛何故號阿彌陀？舍利弗！彼佛光明

註：原文於大正藏作「十萬憶佛」，「憶」字應是「億」字之誤。

註：流通版作「雜」。

無量，照十方國無所障礙，是故號為阿彌陀。又，舍利弗！彼佛壽命及其人民無量無邊阿僧祇劫，故名阿彌陀。舍利弗！阿彌陀佛成佛已來，於今十劫。又，舍利弗！彼佛有無量無邊聲聞弟子，皆阿羅漢，非是算數之所能知，諸菩薩眾亦復如是。舍利弗！彼佛國土成就如是功德莊嚴。

「又，舍利弗！極樂國土眾生生者，皆是阿鞞跋致，其中多有一生補處，其數甚多，非是算數所能知之，但可以無量無邊阿僧祇說。舍利弗！眾生聞者，應當發願，願生彼國。所以者何？得與如是諸上善人俱會一處。舍利弗！不可以少善根福德因緣，得生彼國。

「舍利弗！若有善男子、善女人，聞說阿彌陀佛，執持名號，若一日、若二日、若三日、若四日、若五日、若六日、若七日，一心不亂，其人臨命終時，阿彌陀佛與諸聖眾，現在其前。是人終時，心不顛倒，即得往生阿彌陀佛極樂國土。舍利弗！我見是利，故說此言：若有眾生聞是說者，應當發願生彼國土。

「舍利弗！如我今者，讚歎阿彌陀佛不可思議功德之利，東方亦有阿閦鞞佛、須彌相佛、大須彌佛、須彌光佛、妙音佛，如是等恒河沙數諸佛，各於其國出廣長舌相，遍覆三千大千世界，說誠實言：『汝等眾生，當信是稱讚不可思議功德、一切諸佛所護念經。』

「舍利弗！南方世界有日月燈佛、名聞光佛、大燄肩佛、須彌燈佛、無量精進佛，如是等恒河沙數諸佛，各於其國出廣長舌相，遍覆三千大千世界，說誠實言：『汝等眾生，當信是稱讚不可思議功德、一切諸佛所護念經。』

「舍利弗！西方世界有無量壽佛、無量相佛、無量幢佛、大光佛、大明佛、寶相佛、淨光佛，如是等恒河沙數諸佛，各於其國出廣長舌相，遍覆三千大千世界，說誠實言：『汝等眾生，當信是稱讚不可思議功德、一切諸佛所護念經。』

「舍利弗！北方世界有燄肩佛、最勝音佛、難沮佛、日生佛、網明佛，如是等恒河沙數諸佛，各於其國出廣長舌相，遍覆三千大千世界，說誠實言：『汝等眾生，當信是稱讚不可思議功德、一切諸佛所護念經。』

「舍利弗！下方世界有師子佛、名聞佛、名光佛、達磨佛、法幢佛、持法佛，如是等恒河沙數諸佛，各於其國出廣長舌相，遍覆三千大千世界，說誠實言：『汝等眾生，當信是稱讚不可思議功德、一切諸佛所護念經。』

「舍利弗！上方世界有梵音佛、宿王佛、香上佛、香光佛、大燄肩佛、雜色寶華嚴身佛、娑羅樹王佛、寶華德佛、見一切義佛、如須彌山佛，如是等恒河沙數諸佛，各於其國出廣長舌相，遍覆三千大千世界，說誠實言：『汝等眾生，當信是稱讚不可思議功德、一切諸佛所護念經。』

「舍利弗！於汝意云何，何故名為一切諸佛所護念經？舍利弗！若有善男子、善女人聞是經受持者，及聞諸佛名者，是諸善男子、善女人，皆為一切諸佛之所護念，皆得不退轉於阿耨多羅三藐三菩提。是故，舍利弗！汝等皆當信受我語，及諸佛所說。

「舍利弗！若有人已發願、今發願、當發願，欲生阿彌陀佛國者，是諸人等，皆得不退轉於阿耨多羅三藐三菩提，於彼國土若已生、若今生、若當生。是故，舍利弗！諸善男子、善女人若有信者，應當發願生彼國土。

「舍利弗！如我今者稱讚諸佛不可思議功德，彼諸佛等亦稱讚我不可思議功德，而作是言：『釋迦牟尼佛能為甚難希有之事，能於娑婆國土、五濁惡世：劫濁、見濁、煩惱濁、眾生濁、命濁中，得阿耨多羅三藐三菩提，為諸眾生說是一切世間難信之法。』舍利弗！當知我於五濁惡世行此難事，得阿耨多羅三藐三菩提，為一切世間說此難信之法，是為甚難。」

佛說此經已，舍利弗及諸比丘，一切世間天、人、阿修羅等，聞佛所說，歡喜信受，作禮而去。

拔一切業障根本得生淨土陀羅尼

南無阿彌多婆夜　哆他伽哆夜　哆地夜他　阿彌利都婆毗

阿彌利哆　悉婆毗　阿彌利哆　毗迦蘭諦　阿彌利哆　毗迦蘭哆

伽彌膩伽伽那　枳多迦隸　娑婆訶

（往生咒三遍，蓮池會三稱）

提綱　嗚尺

世界何緣稱極樂？只因眾苦不能侵，
道人若要尋歸路，但向塵中了自心。

心心即佛，醍醐酥酪，咸自乳生。佛佛惟心，釵釧瓶盤，盡從金出。十萬億程，東西不隔。二六時內，凡聖同途。低頭合掌白玉毫，星明日麗，歌咏讚揚紫金容。霆震雷轟，清涼月兮有水皆含，功德雲而無山不戴。香象渡河，一舉洪名超二死；迦陵出轂，千稱嘉號壓羣音。下情唯忖以難思，一念回光而易往，究竟不居心外，分明祇在目前。審如是，即今眾等，繫念彌陀，三時佛事。只如不涉證修，親蒙授記一句，如何舉揚？

嗚尺

風唫樹樹千般樂，香浸池池四色華。

（維那師舉）

阿彌陀佛身金色，相好光明無等倫，
白毫宛轉五須彌，紺目澄清四大海。
光中化佛無數億，化菩薩眾亦無邊，
四十八願度眾生，九品咸令登彼岸。

南無西方極樂世界大慈大悲阿彌陀佛。

（念佛百聲，維那舉讚）

第一大願，觀想彌陀，四十八願度娑婆，九品湧金波，寶網交羅，度亡靈出愛河（蓮池會三稱）。

講演　嗚尺

諸苦盡從貪欲起，不知貪欲起於何？

因忘自性彌陀佛，異念紛馳總是魔。

教中道：生而無生，法性湛然；無生而生，業果儼然。

所謂生者，即眾生生滅之迹也。謂無生者，即諸佛寂滅之本也。法性湛然者，靈明湛寂，元妙真常，箇箇不無，人人本具。只因最初不覺，忽爾動心，認妄為真，迷己逐物，由是業網牽纏，流轉五道，恒隨生死以升沈，亘古至今而靡閒。當知生自緣生，而法性不與緣俱生；滅自緣滅，而法性不與緣俱滅。

所以云：法性湛然，是謂生而無生者也。無生而生者，眾生迷妄入心，積業成果，虛受輪轉，妄見生滅。於法性體上，如鏡現像，似珠隨色，當知鏡光本淨，珠體絕痕，物境互彰，不違色像。彼色像之去來，猶業果之儼然也。故諸佛於儼然生滅中，唯見無生；眾生於湛然無生中，唯見生滅。只因迷悟之有差，遂致現量之不一，實乃生無自性，無生亦無自性。悟則生滅皆無生，迷則無生皆生滅，所以離此別無，是乃一體而異名也。審如是，則阿彌陀佛即是我心，我心即是阿彌陀佛。淨土即此方，此方即淨土。豈非迷悟之自殊，何有聖凡而彼此！乃知現前眾等，以自性阿彌陀。與大眾舌根，普同運轉，根本法輪，諸仁還委悉麼！

生滅無生生不生，樂邦那旨禁人行，
誰知萬丈紅塵裏，菡萏華開月正明。

（維那師舉）

南無西方極樂世界大慈大悲阿彌陀佛。

（師與大眾齊下座，旋遶念佛千聲已，至靈前，收佛號，舉觀音、勢至、清淨大海眾菩薩各三稱，畢。念十大願）

一者禮敬諸佛，二者稱讚如來，
三者廣修供養，四者懺悔業障，
五者隨喜功德，六者請轉法輪，
七者請佛住世，八者常隨佛學，
九者恒順眾生，十者普皆迴向。

眾生無邊誓願度，煩惱無盡誓願斷，
法門無量誓願學，佛道無上誓願成。

接讚

佛寶讚無窮，功成無量劫中。巍巍丈六紫金容，覺道雪山峰。眉際玉毫光燦爛，照開六道昏蒙，龍華三會願相逢，演說法真宗。

（念佛，上座）　嗚尺

人人分上，本有彌陀；箇箇心中，總為淨土。了則頭頭見佛，悟來步步西方。上來啟建三時繫念淨業道場，今當第一時佛事已圓。如上殊勳，投入彌陀大願海中，專為亡靈（某），求生淨土。但念自從無始，迄至今生，一念違真，六根逐妄，隨情造業。縱我為非，身業則殺、盜、邪淫，口過則妄言、綺語、兩舌、惡口，意惡則常起貪、瞋，深生癡愛。由茲三業，鉤鎖妄緣，常汩汩於塵勞，但茫茫於歲月。欲思出離，唯憑懺悔熏修之力。俾眼、耳、鼻、舌、身、意之過愆，應念頓消，使色、聲、香、味、觸、法之浮塵，即時清淨。又極樂求生，全憑發願，仰勞法眾，異口同音，敬為亡靈，至心懺悔發願。

往昔所造諸惡業，皆由無始貪瞋癡，
從身語意之所生，今對佛前求懺悔。
眾生無邊誓願度，煩惱無盡誓願斷，
法門無量誓願學，佛道無上誓願成。

南無普賢王菩薩摩訶薩（三稱）。

上來懺悔、發願已竟（鳴尺），亡靈（某）當知，夫淨土之為教也，仰承阿彌陀佛，四十有八大慈大悲深重願力，攝取十方一切眾生。凡具信心者，皆得往生。信者，信有西方淨土，信有阿彌陀佛攝取眾生之事，我等眾生，信有往生之分。然雖謂彌陀攝取眾生往生，要信唯是隨心自現，感應道交，究竟非從外得，如是信者，是為真信。信而無行，即不成其信。行者，《楞嚴經》云：「都攝六根，淨念相繼。」「不假方便，自得心開。」《阿彌陀經》云：「若有善男子、善女人，聞說阿彌陀佛，執持名號，若一日、若二日，乃至七日，一心不亂，其人臨命終時，阿彌陀佛與諸聖眾，現在其前。是人終時，心不顛倒，即得往生阿彌陀佛極樂國土。」如是行者，是名正行。行而無願，即不成其行。願者，要與阿彌陀佛四十八願，願願相應，是為大願也。信、行、願三，如鼎三足，缺一不可。今爾亡靈當知現前一念，本自圓常，信、行、願原是自己本來具有，如是性德，今者但是本性光明顯發耳（鳴尺）。

阿彌陀佛，無上醫王，巍巍金相放毫光，苦海作慈航，九品蓮邦，同願往西方（蓮池會三稱。第一時佛事已畢，下座）。

第二時

（師與眾登座定，維那師舉）

南無蓮池海會佛菩薩（三稱）

佛說阿彌陀經（接誦阿彌陀經一遍）

拔一切業障根本得生淨土陀羅尼

（往生呪三遍，蓮池會三稱） 鳴尺

便就今朝成佛去，樂邦化主已嫌遲，

那堪更欲之乎者，管取輪迴沒了時。

原夫徧十方是極樂世界，山光水色，似空合空，盡大地是清泰故鄉。華笑鳥啼，如鏡照鏡，自是不歸歸便得。五湖煙景有誰爭，黃金臂晝夜常垂，惟許行人獨委。白玉毫古今不昧，全憑願者承當。所以道：萬法是心光，諸緣惟性曉，本無迷悟人，只要今日了。即今現前眾等，繫念第二時佛事，且了之一句，如何舉揚！

瑠璃池上懸明月，菡萏華開戲水禽。

（維那師舉）

阿彌陀佛身金色，相好光明無等倫，
白毫宛轉五須彌，紺目澄清四大海。
光中化佛無數億，化菩薩眾亦無邊，
四十八願度眾生，九品咸令登彼岸。

南無西方極樂世界大慈大悲阿彌陀佛。

（念佛百聲，維那舉讚）

第一大願，觀想彌陀，四十八願度娑婆，九品湧金波，寶網交羅，度亡靈出愛河。（蓮池會三稱）

講演　嗚尺

是心是佛將心念，念到心空佛亦忘，

撒手歸來重檢點，華開赤白與青黃。

教中道：惟心佛亦爾，惟佛眾生然，心佛及眾生，是三無差別。
所謂心者，心有多種：曰肉團心，乃現在身中父母血氣所生者是；曰緣慮心，即現今善惡順逆境界上種種分別者是；曰靈知心，是混千差而不亂，歷三際以靡遷，炳然獨照，卓爾不羣，在聖不增，在凡不減，處生死流，驪珠獨耀于滄海，居涅槃岸，桂輪孤朗于中天，諸佛悟之，假名惟心，眾生迷之，便成妄識。是以佛即眾生，眾生即佛，且心外無佛，亦無眾生，唯迷悟之有間。故凡聖而逈異，豈知心佛眾生，三無差別。永嘉云：『夢裏明明有六*越，覺後空空無大千。』既然如是，則經云：『從是西方，過十萬億佛土，有世界名曰極樂。其土有佛號阿彌陀，今現在說法。』總不出唯心淨土，本性彌陀也。由是而知，即今現前亡過（某），其生也蓮華朵朵，其歿也行樹重重，無一時不達蓮邦，無一念不依慈父。審如是，且道離此心佛眾生

註：流通版作「趣」。

外，別有商量處也無。

大圓鏡裏絕纖埃，碧藕華中有聖胎，
遙望金沙池沼外，寶光常照玉樓臺。

（維那師舉）

南無西方極樂世界大慈大悲阿彌陀佛

（下座，旋遶念佛千聲已，至靈前，師舉觀音、勢至、清淨海眾三稱，畢。念後文）

十方三世佛，阿彌陀第一，九品度眾生，威德無窮極。我今大歸依，懺悔三業罪，凡有諸福善，至心用迴向。願同念佛人，感應隨時現，臨終西方境，分明在目前。見聞皆精進，同生極樂國，見佛了生死，如佛度一切。無邊煩惱斷，無量法門修，誓願度眾生，總願成佛道。虛空有盡，我願無窮。

願生西方淨土中，上品蓮華為父母，
華開見佛悟無生，不退菩薩為伴侶。

接讚

法寶實難量，如來金口宣揚，龍宮海藏散天香，覺者誦琅瑶。玉軸霞條金寫字，似排秋雁成行，昔因三藏取來唐，萬古為敷揚。

念佛登座　鳴尺

蓋聞虛而有鳴荅之聲，寂而無形影之相，然谷響自然，非呼之而不答；佛身無作，非扣之而不彰。上來啟建第二時繫念佛事已圓，如上殊勳，投入如來大願海中，出生功德，耑為亡靈（某）洗除業垢，增長善根，捨此報緣，往生淨土。但念自從無始，迄至今生，漚生巨海，逐識浪以高低；雲點太清，任情風而人我。於是循環諸趣，流轉四生，業海茫茫，罪山岌岌，匪憑發露，曷遂消除，懺摩已往，發願當來，再勞法眾，至心懺悔、發願。

往昔所造諸惡業，皆由無始貪瞋癡，
從身語意之所生，一切罪障皆懺悔。
眾生無邊誓願度，煩惱無盡誓願斷，
法門無量誓願學，佛道無上誓願成。

南無普賢王菩薩摩訶薩（三稱）

上來懺悔、發願已竟，具行猶人具眼目，願如日月燈光明，依光照燭見分明，行者方能達前境。是以念佛之人，若不發願往生，縱有功行，亦成虛設，以不順佛故，今爾亡靈，當知此意！

阿彌陀佛，無上醫王，巍巍金相放毫光，苦海作慈航，九品蓮

邦，同願往西方。（蓮池會三稱）

第三時

（師與眾登座定，維那師舉）

南無蓮池海會佛菩薩（三稱）

佛說阿彌陀經（接誦阿彌陀經一遍）

拔一切業障根本得生淨土陀羅尼

（接往生咒三遍，念蓮池會三稱）　嗚尺

十萬餘程不隔塵，休將迷悟自疎親，

剎那念盡恒沙佛，便是蓮華國裏人。

合塵背覺，栽荊棘於七寶園林；捨妄歸真，列珠網於四生門戶。縱橫萬法，圓裏一心，非思量處，阿彌陀佛。坐斷六根，無造作時，清泰故鄉，橫呑八極。破羣昏，如杲日麗天；療眾病，如善見神藥。所以云：一稱阿彌陀佛名號，能滅八萬億劫生死眾苦。利益如是，豈譬喻言說之可及乎！只如即今繫念第三時佛事，且道現前眾等，同聲相應一句，如何指陳！

一從佛向舌根念，不覺華隨足底生。

（維那師舉）

阿彌陀佛身金色，相好光明無等倫，

白毫宛轉五須彌，紺目澄清四大海。

光中化佛無數億，化菩薩眾亦無邊，

四十八願度眾生，九品咸令登彼岸。

南無西方極樂世界大慈大悲阿彌陀佛。

（念佛百聲，維那舉讚）

第一大願，觀想彌陀，四十八願度娑婆，九品湧金波，寶網交羅，度亡靈出愛河。（蓮池會三稱）

講演　鳴尺

打破虛空笑滿腮，玲瓏寶藏豁然開，

直饒空劫生前事，六字洪名畢竟該。

古人道：清珠投於濁水，濁水不得不清；念佛投於亂心，亂心不得不佛。西天有寶，名曰清珠。謂此珠，投入濁水中，入水一寸，則一寸之濁水，即便清潔。此珠入水，自寸至尺，乃至於底，則濁水亦隨之而澄湛。當知清珠者，喻念佛之淨念也。濁水者，喻襍亂之妄心也。當妄心襍亂之頃，能舉起一念，如對慈尊，按定六字洪名，一一出口入耳，則此襍亂，自然隨念寂靜。自是一念，而至十念，乃至念念不移，即教中所謂淨念相繼者也。念佛之人，須要信心懇切，正因凜然，重念死生輪轉之可悲，深厭塵勞紛擾為可痛，舉起一聲佛名，直下更無異見。如太阿劍，橫按當軒，如大火輪，星騰燄熾，萬物攖之則燎，觸之則傷，直至一心不亂，能所兩忘。到家之說，不容再舉；捷逕之詞，何勞挂齒！可謂證修行之神術，超方便之正途。破死生蟄戶之雷霆，燭迷妄幽衢之日月。今宵三時繫念佛事將圓，亡靈（某）承茲上善，決定往生，且道一念未萌以前，還有者箇消息也無。嗚尺。

是心空寂念何依？故國云歸孰未歸？
花外玉雞啼曉日，遠迎新佛奉慈威。

（維那師舉）

南無西方極樂世界大慈大悲阿彌陀佛。

（下座，旋遶念佛千聲已，至靈前，師舉觀音、勢至、清淨海眾三稱，畢。念後文）

一心歸命，極樂世界，阿彌陀佛，願以淨光照我，慈誓攝我。我今正念，稱如來名，為菩提道，求生淨土。佛昔本誓，若有眾生，欲生我國，志心信樂，乃至十念，若不生者，不取正覺。以此念佛因緣，得入如來大誓海中，承佛慈力，眾罪消滅，善根增長。若臨命終，自知時至，身無病苦，心不貪戀，意不顛倒，如入禪定。佛及聖眾，手執金臺，來迎接我。於一念頃，生極樂國，花開見佛，即聞佛乘，頓開佛慧，廣度眾生，滿菩提願。

念佛臨終見寶臺，寶幡寶蓋滿空排，

彌陀勢至觀音等，合掌相隨歸去來。

僧寶不思議，身披三事雲衣，浮盃過海剎那時，赴感應羣機，堪作人天功德主，堅持戒行無違，我今稽首願遙知，振錫杖提攜。

（念佛，登座）　嗚尺

念佛既從心出，結業豈屬外來，須臾背念佛之心，剎那即結業之所。今則眾等，依憑教法，作三時繫念佛事，所集勝因，專為亡靈（某）決生淨土。自今戒香馥郁，慧炬熒煌，迷雲開而性天獨朗，妄塵盡而心地廓通，諸根圓淨，羣業頓空。一舉念，一華開，挹露迎風，香浮玉沼。一馳情，一果熟，含煙對日，影落金園。經行坐臥在其中，游戲逍遙非分外，得佛受用，徹法源底，常寂光處處現前。大願王塵塵契會，更為亡靈，至心懺悔、發願。

往昔所造諸惡業，皆由無始貪瞋癡，
從身語意之所生，一切罪根皆懺悔。
自性眾生誓願度，自性煩惱誓願斷，
自性法門誓願學，自性佛道誓願成。

南無普賢王菩薩摩訶薩（三稱）

上來三時繫念，阿彌陀佛，萬德洪名，勸導亡靈，（某）懺除結業，發願往生。行願既深，功無虛棄，惟願亡靈，聞斯法要，信受奉行。從是托質蓮胎，永離業海，直證阿鞞跋致，圓滿無上菩提。

彌陀佛大願王，慈悲喜捨難量，眉間常放白毫光，
度眾生極樂邦，八德池中蓮九品，七寶妙樹成行。
如來聖號若宣揚，接引往西方；
彌陀聖號若稱揚，同願往西方。

繫念功德殊勝行，無邊勝福皆回向，
普願沈溺諸眾生，速往無量光佛剎。

十方三世一切佛、一切菩薩摩訶薩、摩訶般若波羅蜜。

自歸依佛，當願眾生，紹隆佛種，發無上心。

自歸依法，當願眾生，深入經藏，智慧如海。

自歸依僧，當願眾生，統理大眾，一切無礙，和南聖眾。

佛菩薩經典系列1－

阿彌陀佛經典

全佛編輯部 著/平裝/NT$350

佛菩薩經典的集成，是秉持對諸佛菩薩的無上仰敬，祈望將他們的慈悲、智慧、聖德、本生及修證生活，完滿的呈現在真正修行的佛子之前；使皈依於他們的人，能夠擁有一本隨身指導修行的經典匯集。

光明導引系列1－

阿彌陀經臨終光明導引 (附導引CD)

洪啟嵩 著/精裝/ NT$350

全球首張為臨終者錄製的光明導引CD，守護您及摯愛的人，在死亡到來時不再驚惶恐怖，遠離怨親債主的干擾，現生極樂世界，是臨終自救最珍貴的秘寶！內容包括臨終開示、原經文讀誦、白話觀想導引、現生極樂世界導引，並附有聲CD導引。

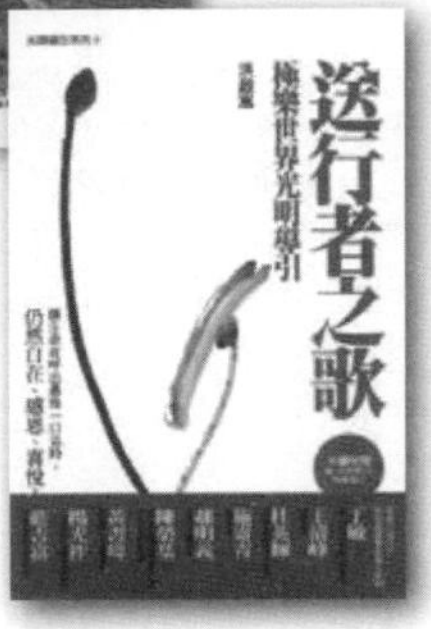

光明導引系列2—

送行者之歌–極樂世界光明導引(附國台語導引)

※本書為《阿彌陀經臨終光明導引》增訂版

洪啟嵩 著/精裝/ NT$480

人的一生中難以避免的，必須為摯愛者最後的旅程送別。本書幫助您守護所愛安然走過死亡幽谷，療癒生者悲痛，讓生死兩相安。此外，本書也是所有淨土法門的修行者，現觀世間成為淨土的最佳恆修法門。

守護佛菩薩 2－

阿彌陀佛．平安吉祥

全佛編輯部 著/平裝/NT$240

本書敘述阿彌陀佛自法藏比丘發起菩提大願，修習菩薩道成佛等無邊大行故事，並介紹在生活中祈請阿彌陀佛守護的方法。阿彌陀佛是西方極樂世界的教主，由於他的偉大悲願，任何人只要具足信願行，如法念佛，定能得到阿彌陀佛的護佑與接引。

淨土修持法 1－

蓮花藏淨土與極樂世界

洪緣音 著/平裝/ NT$350

本書總論諸佛菩薩及淨土的形成因緣，並介紹一切淨土的總集—蓮華藏淨土以及為廣為人知的阿彌陀佛淨土—極樂世界。除了介紹淨土的現況外，並有實際修持的方法，是所有淨土修行者不可錯過的好書。

淨土修持法 2－
諸佛的淨土

洪緣音 著/平裝/ NT$390

本書詳細介紹諸佛淨土的樣貌、形成因緣，及修持的方法，如釋迦牟尼佛的靈山淨土、藥師佛的琉璃淨土、阿閦佛的妙喜淨土、彌勒佛的兜率淨土，與極為殊勝的「禪的淨土」、「密教淨土」及「人間淨土」。

淨土修持法 3－
菩薩的淨土

洪緣音 著/平裝/ NT$390

菩薩以無比的熱情、無畏的勇氣、廣大的悲心與願力，將煩惱世間轉化成幸福的樂土。本書介紹文殊菩薩、普賢菩薩、觀音菩薩、地藏菩薩等諸菩薩的淨土，並有前往淨土的詳盡修持計劃書，及個人的淨土生涯規劃表，是實用的淨土修持導覽好書。

經典修練的十二堂課 4－
觀無量壽經的修鍊

洪啟嵩 主講/有聲CD/ NT$250

《觀無量壽經》為淨土三部經之一，佛陀宣說如何現觀極樂世界、阿彌陀佛與觀音、勢至二大菩薩的經典。透過落日觀、水觀、地觀等十六種現觀極樂世界的景象，依經觀想，使學人不會錯認境界，現前與極樂世界相應。

佛經修持法 3－
如何修持阿彌陀經

洪啟嵩 著/平裝/NT$200

本書內容從介紹《阿彌陀經》到解讀《阿彌陀經》，並詳說念佛的法門，以及日修《阿彌陀經》的儀軌，讓讀者在思惟了解、讀誦、修持中實踐《阿彌陀經》，為一切諸佛所護念，並於未來能往生極樂淨土，得到究竟的安樂。

淨土修持法 4

《三時繫念今譯》

譯　　者　洪啓嵩
畫作墨寶　洪啓嵩
編　　輯　許文筆、莊涵甄
美術設計　張育甄
出　　版　全佛文化事業有限公司
訂購專線：(02)2913-2199
傳真專線：(02)2913-3693
發行專線：(02)2219-0898
匯款帳號：3199717004240 合作金庫銀行大坪林分行
戶　　名：全佛文化事業有限公司
E-mail:buddhall@ms7.hinet.net
http://www.buddhall.com
門　　市　新北市新店區民權路95號4樓之1（江陵金融大樓）
門市專線：(02)2219-8189
行銷代理　紅螞蟻圖書有限公司
台北市內湖區舊宗路二段121巷19號（紅螞蟻資訊大樓）
電話：(02)2795-3656　傳真：(02)2795-4100

初　　版　二〇一六年十二月
定　　價　新台幣二五〇元
ISBN　978-986-6936-92-0（平裝）

BuddhAll

Published by BuddhAll Cultural Enterprise Co.,Ltd.

三時繫念今譯 / 洪啟嵩譯.　-- 初版.--
新北市：全佛文化　, 2016.12
面 ; 公分. -- (淨土修持法 ; 4)
ISBN 978-986-6936-92-0(平裝)
1.淨土宗 2.佛教儀注
226.54　　105024501